意外と知らない静岡県の歴史を読み解く！

静岡「地理・地名・地図」の謎

小和田哲男・監修
Tetsuo Owada

JIPPI Compact

実業之日本社

まえがき

静岡県は日本のほぼ中央に位置し、富士山や赤石《あかいし》山地といった山岳地帯を背に、南は駿《する》河《が》湾・遠州灘《えんしゅうなだ》・相模湾に面している。南北が約一一五キロ、東西が約一五〇キロで、やや東西が長い。その東西、海に近いところを旧東海道が通り、東西交通の要衝でもあった。ちなみに、東海道五十三次のうち、二十二次が現在の静岡県下に位置し、いまでも、東海道新幹線の駅が六つもあることで、東西交通の要衝であることがわかる。

静岡という県名は明治維新以後につけられた新しい名前である。「岡」という字のつく県名はいくつかあるが、「静」という字がつくのは静岡県だけなのである。静かで温和な静岡県民のイメージにぴったりという感じがするが、県名に県民性が反映されているわけではない。

静岡県はそもそも、駿河・遠江《とおとうみ》・伊豆の三ヶ国からなっている。それぞれ一字をとって駿・遠・豆といわれることもあり、国ごとにそれぞれ気質は違っていた。

江戸時代、駿河は天領が多く、そのため、災害などがあっても幕府頼みのところがあった。自ら自分たちで何かしなければならないという意識がやや欠如しており、どことなく他人頼みといった傾向があった。それに対し、遠江は小藩がいくつもあり、自分たちで何かをしなければならないという意識が強く、そこから「やらまいか（やってみよう）」精神が生まれたといわれている。伊豆は東海岸・西海岸にいくつもの港があり、漁師の気風があった。

なお、静岡県は歴史的にみて自然災害が多いところでもあった。県名の静岡から「気候が温和なら人柄も温和」とされることが多いが、歴史をふりかえると、そうしたいい方に根拠がないことがわかる。たしかに気候は温暖で、冬暖かい。徳川家康が駿府を隠居所に選んだ理由のひとつに「富士山高く北に秀でて、山脈其の左右に列《つら》なれば、冬暖にして老を養ふに最も便なり」といっていることからも明らかである。

ただ、歴史をふりかえってみると、富士山などの噴火や、地震災害からの復興の歴史、自然との闘いの歴史だったという側面も浮かびあがってくる。

そうした静岡県の歴史を地理・地名・地図の謎を解きながら明らかにしていくことにしたい。世界文化遺産に登録された富士山についてもひとつの章を立てているし、知っているつもりでいて、実は知らなかったという情報も含まれている。多くの人に読んでいただければ幸いである。

小和田哲男

【目次】

第二章 「地理」から見る静岡県

第二章　静岡県の知られざる歴史

第四章　富士山から見る静岡県

第五章　静岡県のさまざまな不思議

カバーデザイン・イラスト／杉本欣右
本文レイアウト／Ｌｕｓｈ！

第一章

静岡県は「おもしろ地名」の宝庫だった

「新幹線」という名の土地がある

田方郡函南町《たがたぐんかんなみちょう》には、「新幹線」と名づけられた地域がある。とはいっても、「新幹線」は行政区分上、正式に存在する地名ではない。「新幹線」は旧名であり、「函南町上沢《かみさわ》」が現在の地名である。

とはいうものの、函南町上沢には「新幹線」が正式な地名だった時代の名残がある。そのひとつが「新幹線公民館」だ。「新幹線」の名を冠してはいるものの、公民館では、モダンバレエなどの新幹線とは関係がないものばかり行なわれている。住民たちは誰もそのことを気にしていないようだ。

東海道新幹線が開通したのは一九六四年、東京オリンピックの年だ。「世界で一番速い高速列車」がキャッチフレーズだった。今でこそ「新幹線」の名前が一般的だが、戦前の計画段階では、東京から下関を結ぶ「弾丸列車が開発中」という過激な宣伝が日本中に広まっていた。

しかし日米開戦により突入した「太平洋戦争」のあおりを受け、「弾丸列車」の計画は中止に追い込まれる。弾丸列車用に計画されてきた「新丹那《しんたんな》トンネル」の建設も当然のよ

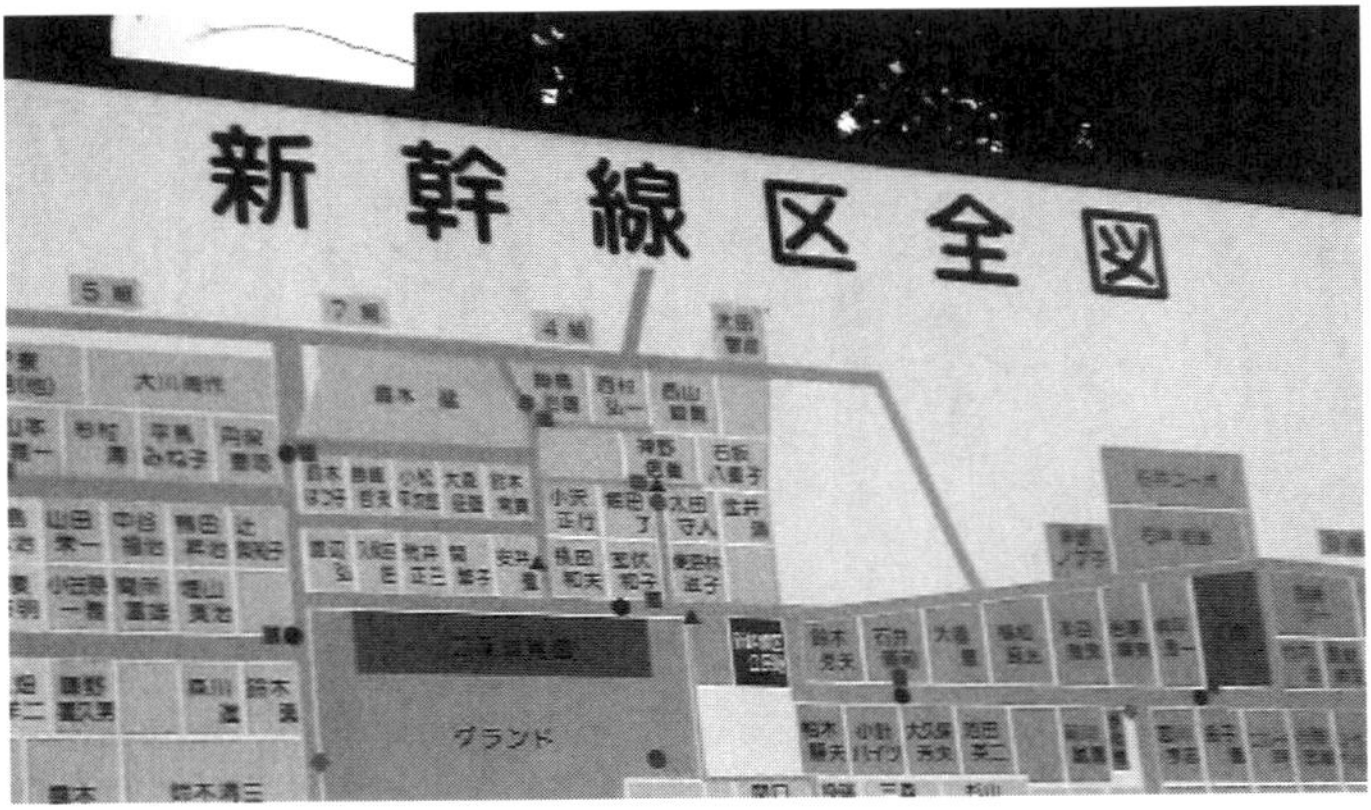

函南町上沢に残る「新幹線区」の住民配置図。

うに工事が中断された。

終戦後、中止していた弾丸列車計画が復活した。一九六四年に開催されるオリンピックに向けて、より新型の車両が計画され、建設は急ピッチに進んだ。東海道新幹線の開通時、弾丸列車の関係者が住んでいた場所が「新幹線」と呼ばれるようになったのだ。つまり、乗り物の「新幹線」は、静岡県田方《たがた》郡の「新幹線」が由来となって名付けられたものではないのだ。

周辺には「新幹線」にまつわる事柄もたくさんある。

「新幹線」区内には、新幹線に由来するご当地アイテムを発見することができる。

ひとつが「幹線下」という名のバス乗り場だ。また、「幹線下」からほど近い位置には「新幹線上」というバス乗り場が存在する。

函南町上沢は、個人情報保護法が施行された今でも、住民配置図が設置されている。住民配置図とは、土地に住む人の名前が記された地図だ。これを見るだけで、どこに誰が住んでいるか一目瞭然になる。現代はプライバシーの問題から、住民の名前を判別できる看板は撤去される傾向にある。

それでも「新幹線」の住民たちは看板を撤去しない。新幹線の開通に貢献した昔の住民たちを称えるために、「新幹線」に住む人々は看板のひとつさえも誇りに思うのだろう。

ちなみに、前述の通り「新幹線」の地名がある場所は、「函南町上沢」が正式名称だ。「函」の字は「函館《はこだて》」でおなじみのように「箱」を意味する。東海道で「箱」といえばつまり「箱根《はこね》」のこと。つまり「箱根の南にある」との理由で「函南」と名づけられたのだ。

静岡県から「月まで3キロ」の場所がある!?

浜松《はままつ》市と長野県飯田《いいだ》市を結ぶ国道百五十二号線を北上し、浜松市天竜《てんりゅう》区を越える。さらに船明トンネルの手前を脇にそれると、県道「三百六十号浜松市渡ケ島横山線」に入る。渡ケ島横山線を車で走っていると、そこにそびえ立つ道路標識に誰もが驚いてしまう。「月まで3km」という表示があるからだ。

静岡県にある「月」は、テレビ番組で紹介されてから全国的に知られることになった。

実際に宇宙の月までは三十八万キロもの距離がある。なのになぜ「月まで3㎞」なのか？　実は標識に書かれた「月」は、浜松市にある地名を指しているのだ。今までに数多くのドライバーたちの度肝を抜いてきたであろうこの看板。三キロという距離感も絶妙だ。少し車を走らせれば、すぐに月に着いてしまうだろう。近くには「月」と書かれたバス停も存在している。

この地名の由来は、その名の通り空に架かる月がモチーフになっている。そして浜松市の「月」が現在の名称になった理由は、南北朝時代に起源がある。

十四世紀の南北朝時代、楠木正成《くすのきまさしげ》という武将に仕えた鈴木《すずき》左京之進《さきょうのしん》という男がいた。左京之進は「月」の地を開拓。彼は「楠木正成公の心こそ、中空に架かる月のように清らかである」との発想から、土地の集落を「月」と名づけたといわれている。ほかにも「土地の集落が満月のように発展するように」というロマンチックな由来もあるという。

「月まで３km」の看板は、過去にテレビ番組でも紹介された。「月」を紹介した番組が全国区で放送されていたため、一躍この地名は日本全土に知れ渡ったという。テレビの宣伝効果によって、観光客も爆発的に増えたとか。現在「月」にはおよそ五十世帯、百名ほどの人が住んでいる。

接待をするから「接待」!?

浜松市浜北区《はまきた》には「接待《せったい》」という地名が存在する。サラリーマンには馴染み深いであろう。接待といえば、客をもてなしたり、目上の相手に食事やお酒をふるまうことだ。

浜北区の「接待」も、語源は同じである。

「接待」周辺の地域は、江戸時代に秋葉《あきは》神社を詣でる人々で賑わっていた。その賑わいに目をつけ、茶屋を開く者もいた。参詣客を茶屋で接待する地だったため「接待」の名前がつけられたのだ。

「接待」の舞台となった秋葉神社は、西暦七百九年から存在する由緒正しき神社だ。火を奉る神社として、毎年十二月には「火まつり」が行なわれる。

秋葉神社は毎年の火まつりによって参詣客を集めている。とはいうものの、時代の流れには逆らえない。「接待」の地には明治三十年ほどまで実際に茶屋が残っていたが、今はもう店の名残はなく、バスが一日一本通るだけである。

もうひとつの「接待」

ところで、静岡県には「接待」に関する地名がもうひとつ存在する。それが、三島市《みしま》の「接待茶屋」だ。由来は「接待」とほとんど同じで「客を茶屋で接待した」から。だが三島市の「接待茶屋」は、無償でお茶を客に提供したという。無償という点で、浜北区の「接待」とは異なっている。

東海道線が開通するまで、箱根の山を越える道のりは旅人にとって厳しいものだった。箱根の山は「東海道中最大の難所」といわれるほど、山越えをするために大変な労力が必要だった。特に冬の時期は峠に雪が積もることが多い。そのため旅人の避難場所が必要とされていた。

一八二四年、箱根峠近くの施行平に旅人のための接待小屋が設けられることになる。この接待小屋は、金銭目的ではなくあくまで無償の公益施設として作られていた。接待小屋を運営したのは、加勢屋與兵衛《かせやよへえ》というひとりの商人だ。私財を投じてこのボランティア施設を設立した加勢屋は、道行く人に無料で粥を差し出し、焚き火を施した。さらに馬の飼料として飼い葉も与えたという。

だが、今でいうところのボランティアである接待小屋は、長くは続かなかった。設立から三十年が経った一八五四年、運営が成り立たなくなり、加勢屋は接待小屋の活動の中断を余儀なくされた。

一度は失われてしまった加勢屋の接待小屋だが、明治時代に入り加勢屋の遺志を継ぐ者たちが現れた。後継者たちは一年中、無料で旅人たちにお茶を提供したのだ。その結果、接待小屋の運営は一九七〇年まで続けられることとなった。再び茶屋の運営者は資金難に陥ったが、箱根竹《はこねだけ》を出荷し、鶏を飼うなどして接待を維持し続けようと努めた。その行ないに心を動かされた人々は、全国各地からお茶や茶碗を接待小屋へ送ったという。

茶屋として使われていた家屋そのものはもうその土地には存在しない。一九九二年、国道拡張工事によって、家屋が取り壊されてしまったからだ。徒歩で旅をする時代から、自動車で移動する時代への変遷。道は石畳から舗装道路へと変わり、歩行者も減った。

しかし加勢屋やその後継者たちのボランティア精神は、「接待茶屋」として地名に刻まれている。

「地名」という名の地名がある？

静岡県には変わった地名や面白い地名が山ほど存在する。「熊《くま》」や「女神《めがみ》」、「小豆餅《あずきもち》」など。だが榛原郡川根本町《はいばらぐんかわねほんちょう》には、「地名」という地名が存在する。漢字の読み方は「じな」。この「じな」という読み方は、地名の由来と密接に関わっている。

「地名」は大井川が大きく曲がりくねった左岸にある。そのため大井川が運んだ砂と砂利が地質に多く含まれているのだ。砂が多い地域のため「すな」が「ぢな」に転じたという。

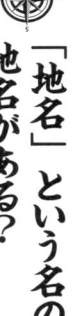

大井川鐵道大井川本線には、「地名駅」も存在する。開業は一九三〇年。駅は無人だが、向かいのタバコ屋で乗車券を販売している。地名駅の北およそ一〇〇メートル地点には、自称「日本一短いトンネル」がそびえている。ちなみに本当に日本一短いトンネルは、群馬県吾妻《あがつま》郡吾妻町にある樽沢《たるさわ》トンネル。あくまで「日本一短い」は地名駅の自称であり、駅構内に「日本一短いトンネル？」と案内看板が立っているだけだ。

群馬県の樽沢トンネルが全長七・二メートルであるのに対し、地名駅のトンネルは全長十一メートル。あと三・九メートル短ければ、地名駅のトンネルが本当の「日本一短いト

地名駅から100メートル北上すると「日本一短いトンネル?」が建っている。現在は川根索道が廃止されているため、トンネルとしての役割りは終えている。

ンネル」になれたのだ。

群馬県の樽沢トンネルは、線路を通すために山の出っ張りを彫り抜いたものだ。一方で地名駅のトンネルは、平坦な地面の上に建っている。なぜ十一メートルという中途半端な長さのトンネルを作ったのだろう。

ここには、大正《たいしょう》時代から一九三九年まで「川根索道《かわねさくどう》」と呼ばれる貨物ロープウェイが架けられていた。索道とは、空中を渡したロープウェイを使って荷物を運搬する、交通機関のこと。地名駅の線路は、小高いふたつの山間に挟まれる形で伸びているのだ。

地名駅のトンネルは、ロープウェイから荷物が落下した場合に備えて安全のために建設された。ただし現在は索道が撤廃されたため、形だけのトンネルが残っているだけである。

家康が設置した駿府の「銀座」

JR東海道線、静岡駅から北西へ八百メートルほど進むと、静岡市役所がある。市役所の近く、両替町《りょうがえちょう》通りの歩道には「駿府銀座《すんぷぎんざ》発祥の地」と書かれた石碑が建てられている。石碑のサイズは高さ一メートルほどで、決して大きくない。

「銀座」と名のつく地名は、東京を始めとして日本全国で見つけることができる。だがもともと銀座とは、江戸時代の銀貨鋳造所を指す呼び名だ。両替商と銀細工師を兼ねる「銀《かね》屋《や》」が銀貨を鋳造した施設なのだ。つまり「銀座」とはそもそも地名ではなく、役所施設の名前だった。このような役所は「銀座」以外にも、朱色の墨の売買をする「朱座《しゅざ》」や、幕府からの特権を得て、贈答用の金貨を鋳造する「大判屋《おおばんや》」、計量用の秤に用いる標準の重りを制作・販売するための「分銅座《ふんどうざ》」があった。ちなみに貨幣を造るための金塊や銀塊は、重りとして保管されていた。

駿府の「銀座」は、徳川家康《とくがわいえやす》が一六〇六年に設置した。目的は財産を蓄えるための銀貨の鋳造。なお「銀座」の地名は一六〇一年、京都・伏見《ふしみ》に設けられたことが始まりである。

その後、家康は静岡の駿府《すんぷ》城に移り、駿府にも「銀座」を設立した。駿府や江戸、大坂や長崎にも続けて設けられるが、時代とともに江戸へ統合されていった。駿府の銀貨鋳造所も一六一二年に江戸（現在の東京の銀座）に移転することとなった。

当初、江戸の銀座は「両替町」と名づけられる予定だった。しかしすでに同名の土地が存在していた。また近くには金を取扱う「金座」もあった。そのため銀座の移転先は「新両替町」と呼ばれ、金座は「本両替町」と呼ばれるようになったのだ。

前述の通り「銀座」とは役所の名前だ。役所であるため、「銀座」は銀を特権的に扱う大名や大商人でにぎわった。当時の「銀座」の役人や人々が羽振りの良い生活を送っていたのはそのためである。

「両替町」は銀座の名残

「銀座」の役人たちは多くの富を扱う職種ゆえ、幾度となく不祥事を起こすことになった。その結果、一八〇〇年に「銀座」は、日本橋に移されてしまう。駿府からは「銀座」の地名は一部の通りを除いて失われてしまった。しかし、現在は静岡駅近くで「駿府銀座発祥の地」と書かれた石碑が立てられている。

また、静岡市葵《あおい》区には「両替町《りょうがえちょう》」という地名が残されている。現代でこそ「両替」は、一定の金額の貨幣を、同じ金額のまま異なる貨幣に交換することをいう。しかし江戸時代は時期や土地によって金と銀の相場が一定ではなかった。その金と銀の相場決定を請け負っていたのが「両替」という役所である。そのため、この近辺を「両替町」と呼んだ。また、当時は両替をする職員が不正をしないよう、監督のための役所が置かれていた。「両替」の方法は、銀座役所が灰吹銀《はいふきぎん》を買い入れ、鋳造してナマコ型に形を整えた「丁銀《ちょうぎん》」と交換することだった。灰吹銀とは、銀山で獲れた鉱石を鉛に溶け込ませ、そこから抽出した銀のことだ。

「両替町」は現在、静岡市内でも最大の歓楽街となっている。多くの飲食店や雑居ビルが立ち並び、夜になれば仕事帰りのサラリーマンや若者で賑わっている。

男子は震え上がる 恐怖の地名「金玉落とし」

菊川《きくがわ》市《し》東横地《ひがしよこじ》にある、「横地城《よこちじょう》」の跡地。その中に、「金玉《きんたま》落としの谷」という場所がある。横地城跡は、春には桜が咲き乱れ、普段は辺りが物静かな場所だ。そんな平穏な土地に、なぜ「金玉落としの谷」があるのだろうか。

横地城は、一四七六年に今川義忠《いまがわよしただ》によって焼き討ちされ、落城。現在は「城跡」と呼ば

金玉落しの谷

草むらの中にたたずむ「金玉落としの谷」の標識。

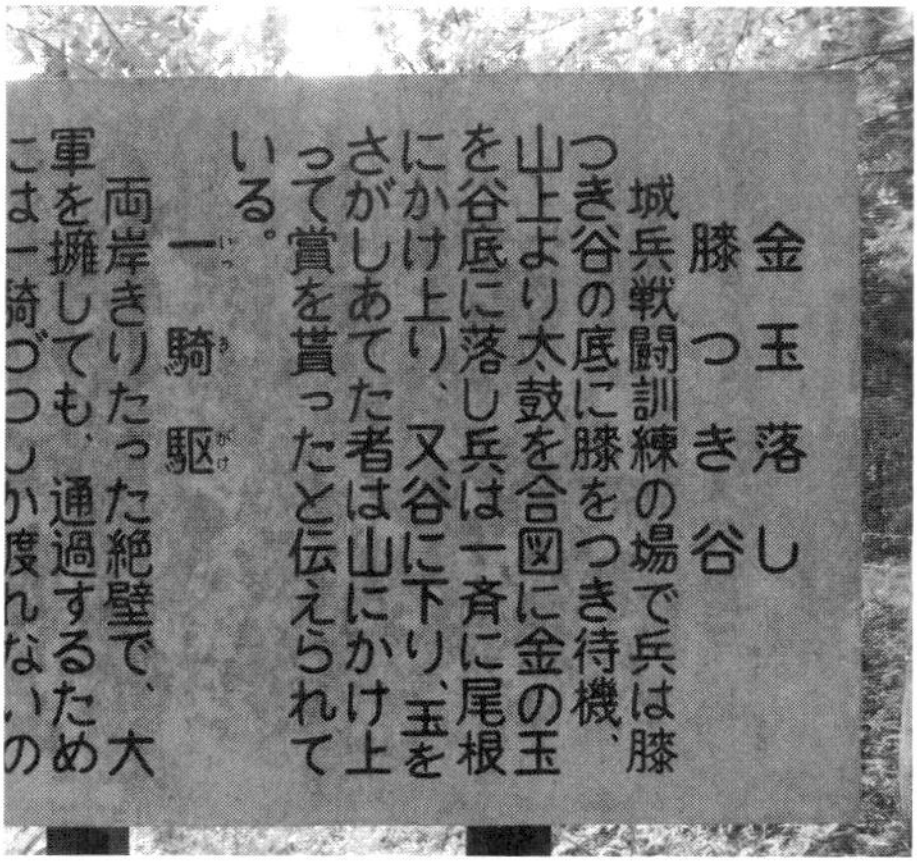
金玉落し
膝つき谷
城兵戦闘訓練の場で兵は膝
つき谷の底に膝をつき待機、
山上より太鼓を合図に金の玉
を谷底に落し兵は一斉に尾根
にかけ上り、又谷に下り、玉を
さがしあてた者は山にかけ上
って賞を貰ったと伝えられて
いる。
一《いっ》騎《き》駆《がけ》
両岸きりたった絶壁で、大
軍を擁しても、通過するため
こは一騎づつしか渡れないの

名前の由来を説明する案内板も建てられている。「金玉落としの谷」のほか「膝つき谷」の解説も載っている。

れているものの、そこには小高い丘と桜の木があるくらいだ。『静岡新聞』によると、「金玉落とし」は、山岳戦の訓練方法のひとつだという。

かつての城主だった横地氏は、横地城の二の丸から太鼓の合図とともに玉を落とし、家来たちにそれを拾わせた上で、山をかけ登らせるという訓練を行なっていた。運良く玉を手に入れられた家来には、賞が与えられたという。なぜ金の玉という名前なのかは、由来が諸説ある。横地氏が訓練に本物の金の玉を使ったという説もある。一方、横地氏が使ったのは「木の玉」で、「木の玉落とし」が変化して「きんたまおとし」になった。そして、変化した言葉に漢字が当てはめられ「金玉落とし」になったという説もある。

金玉落としの谷を下った先に待つのは「膝つき谷」だ。落ちてくる玉を待つために、家来たちが膝を着いて待機したことが由来とされる。

二〇一四年四月には、ここ「横地城跡」内で、実際に金玉落としのイベントが催された。イベントに参加したのは、地元の子どもたち。まず城跡内の横地神社で神事を行なった後、神社の横から、金色のサッカーボールを斜面に投げた。斜面の下に待ち構えていた子どもたちは、「膝つき谷」に膝をついて待機し、落ちてくるボールにこぞって飛びついたとか。

「食い逃げ」から生まれたおいしい地名「小豆餅」

静岡は徳川家康ゆかりの地だ。そのため、地名にも徳川家康に由来する名前が多く残されている。「小豆餅《あずきもち》」や「銭取《ぜにとり》」だ。

「小豆餅」の由来は、一五七三年の三方ケ原《みかたがはら》の戦いまで遡る。この戦いで武田信玄《たけだしんげん》に敗れた徳川家康は、浜松城への敗走の途中、一軒の茶屋で小豆餅を食べた。ところが、食事中に武田軍が追いついてきたのだ。慌てた家康は、小豆餅の料金を払わないまま、茶屋を後にした。家康は、今でいう「食い逃げ」をしたのだ。そしてこの地には家康が食い逃げをした商品の名前がつけられ、「小豆餅」という地名の由来とされている。

「小豆餅」とセットで覚えたい「銭取」

小豆餅の料金を払わないまま逃走する家康。しかし食い逃げの被害にあった店の老婆は、逃げる家康を追いかけた。家康は、武田軍と餅屋の老婆から逃げることになったのだ。

老婆は、餅屋からおよそ二キロメートルほど離れた地点で、家康に追いついた。そして、見事に小豆餅の料金を払わせた。老婆が家康に料金を払わせた場所は、その後「銭取」と呼ばれるようになった。真偽のほどは定かではないが、静岡には以上のような伝説が多く語り継がれている。そしてこの由来が真実だとしたら、餅屋の老婆は二キロメートルに渡って家康を追いかけたことになる。

「銭取」の付近には、一九六四年まで「銭取駅」という無人駅もあった。同じく「小豆餅」の地域にも、「小豆餅駅」があった。どちらも、遠州鉄道奥山《おくやま》線沿いの駅だ。しかし一九六四年に奥山線は廃止されてしまい、現在は「銭取駅」も「小豆餅駅」も残っていない。

「小豆餅」は、駅名から姿を消したものの、一九七六年に正式な地名として復活した。一方で、「銭取」は公式地名ではない。バスの「銭取」という停留所があるのみで、「小豆餅」とともに公式地名になることは叶わなかった。

「小豆餅」のもうひとつの由来

「徳川家康が料金を払わず逃げた」という伝説のほかに、「小豆餅」と「銭取」には別の由来が存在している。

まず「小豆餅」については、三方ヶ原の戦いでの死者を弔うため、小豆餅を供える慣習があったという言い伝えがあげられる。浜松城の主である堀尾忠氏の弟である高階晴久《たかしなはるひさ》は、ある日、三方ヶ原に立ち寄って茶店で小豆餅を食べていた。その時、次々と摩訶不思議な出来事が起こったため、慌てて店を飛び出し、町まで逃げ帰った。

次の日、晴久は大勢のお供を連れて、昨日と同じ茶店の場所までやって来た。しかしそこに茶店はなく、大野原に三方ヶ原の戦いの戦死者たちの骨が散乱していたという。晴久は散乱していた骨をかき集めて焼いて埋め、お供え物として小豆餅を一緒に焼き、供養した。これが「小豆餅」のもうひとつの伝承である。

事実、三方ヶ原の戦いが行なわれていた当時、三方ヶ原は茶店どころか一軒の民家すら建っていたか不明だという。だとすれば、晴久が三方ヶ原で戦死者を供養する際に小豆餅を焼いた、という説のほうが信憑性は増す。

ひとつの地名に対し由来が諸説ある。本当の由来はどれなのか、確かめることは難しい。だが、家康が武田軍に敗北し、命からがら浜松城まで逃げたことは事実である。

そして「銭取」には、わずかに物騒な由来が存在している。昔、「銭取」周辺には山賊が現れ、文字通り行き交う人から銭を取った。山賊から銭を取られるから「銭取り」というわけだ。

「すけべえ」は地名にふさわしくない？

静岡にはかつて、駿東郡原町《すんとうぐんはらまち》（現在の沼津市）に、「助兵衛新田《すけべえしんでん》」という名前の村があった。もともと「助兵衛新田」は、「浮島ヶ原《うきしまがはら》」と呼ばれる地域だった。そこに一五七四年、静岡県西部の武士だった鈴木助兵衛《すずきすけべえ》が訪れた。その四十一年後の一六一五年、助兵衛がこの村の開拓に成功したため、「助兵衛」が地名に取り入れられたという。

つまり、「助兵衛」はもともと人名である。しかし時代が流れるにつれて、その意味は徐々に、卑猥な意味を表す言葉へと変わっていった。「助兵衛新田」も、由緒ある地名だったものの、明治時代後期の一九〇八年に「名前に品がない」という理由から、改名されることになった。三〇〇年に渡って親しまれてきた名前だったが、その地に住む住民からは「地名に卑猥な名前が使われること」に対し非難の声が上がり始めていた。

そこで、当時「助兵衛新田」周辺で名産品だった桃にあやかり、「桃里《ももざと》」と名づけられたのだ。現在の桃里には、鈴木助兵衛の功績を称える「桃里改称記念碑」が建てられている。この記念碑には、しっかりと地名改称までの経緯も刻まれている。

源頼朝由来の地名「鶴喰」と「鍵穴」

源頼朝《みなもとのよりとも》は、鎌倉幕府を開いて、全国を治めた。静岡と源頼朝の間には、非常に深い関係がある。現存する静岡県内の地名にも、頼朝と深い関係があるとされる地名がある。

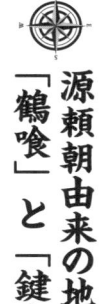

頼朝といえば、平安《へいあん》時代の終わりから鎌倉時代の初期に活躍した武将だ。幼少期には、父である義朝《よしとも》が一一六〇年の平治《へいじ》の乱で敗れた際、捕らえられて島流しにされている。そして流れ着いたのが、伊豆の地だった。

少年時代の頼朝は、島流しにされたとはいえ、母の弟である祐範《すけのり》から援助され、裕福な生活をしていたと考えられている。自由な生活を満喫するなかで、頼朝は三島市の「鶴《つる》喰《はみ》」を訪れた。今でこそ三島市には「鶴喰」という地名が存在しているが、この地名は頼朝に由来している。頼朝が「たくさんの鶴が餌をとっていた場面を見た」ことから「鶴喰」と名づけられた、という説が残っている。「鶴喰」という名前だけ聞くと、「鶴を食肉として食べていた地域」と連想しがちだが、実は頼朝が目の当たりにした鶴による食事風景が、そのまま地名になっただけなのである。

名馬に由来する「鍵穴」の地

静岡市葵区には「鍵穴《かぎあな》」という村がある。だが「鍵職人が多く住んでいたから鍵穴」などという安直な理由でこの地名がつけられたわけではない。

十二世紀終わり頃、葵区の栃沢《とちざわ》には、「するすみ」という名前の名馬がいた。まだ子馬だったものの、全身が墨を塗ったように真っ黒で、見るからにたくましい馬だった。この馬に目をつけた栃沢の土地の富豪だった米沢家は、「するすみ」を捕まえて大切に育てた。

当時の鎌倉では、武士の間で、名馬を集めることが流行していた。米沢家で飼われていた「するすみ」の評判は、すぐさま頼朝の耳に届いた。頼朝は米沢家と交渉するため、三人の家来を派遣した。米沢家との交渉は成功し、「するすみ」は生まれ育った故郷を後にすることとなった。

米沢家の人間は、現在の静岡市街の辺りまで馬を見送った。しかし、頼朝から送られた家来に、馬具の鍵を渡し忘れていたことに気づく。とはいえもう馬を見送ってしまったため、後の祭り。鍵だけ持っていても仕方がないと考えた米沢家の人間は、道中のほら穴へ、その鍵を投げ捨ててしまった。これが「鍵穴」という地名の由来だ。

ちなみに、「するすみ」が故郷である栃沢の地を後にする際、藁科川《わらしながわ》のほとりで、身体をきれいに清められた。ここは「馬洗い渕」と名づけられた。今では絶好の釣り場となっており、アユやヤマメなどが多数生息している。また、米沢家へ交渉に行った三人の家来「赤沢《あかざわ》」「小島《こじま》」「日向《ひなた》」は、それぞれ現在でも静岡の地名として残されている。

ちなみに、「するすみ」を見た頼朝は、その美しい馬体や毛並みの良さに大喜びしたという。「するすみ」の名前は、そのときに名づけられたものだ。「駿河から来た、墨のように黒い馬」ということで「駿墨」、もしくは「墨を摺ったように黒い毛並み」だから「摺墨」など、馬の名前に関しては諸説ある。

「するすみ」はその後、頼朝の家臣である梶原景季《かじわらかげすえ》の愛馬となった。「するすみ」を乗りこなす景季は、一一八四年に起こった宇治川《うじがわ》の戦いで、同じ義経軍の佐々木高綱《ささきたかつな》と先頭争いをした。どちらが先に宇治の防衛戦を突破できるか、競争したのだ。

しかし佐々木高綱は、「いけづき」という名馬に乗っていた。そして互いに馬に乗っての競争の結果、佐々木高綱が一番手で宇治川の対岸へ上陸。梶原景季は佐々木高綱に遅れを取り、二番手となった。

実は、景季はもともと、頼朝に「いけづき」を要求した。しかし頼朝は以前から景季を認めておらず、わざと「するすみ」を与えた。そして後に同じく「いけづき」を欲した佐々木高綱には、要求通りに「いけづき」を与えたのだという。

何があるのかわからない恐怖の地名「人穴」

富士宮市《ふじのみや》の洞窟には「人穴《ひとあな》」と呼ばれる洞窟がある。これは富士山の噴火によってできた溶岩洞穴のことだ。洞穴の長さはおよそ八十三メートル。

広辞苑や国語辞典にも、「人穴」という名称は記載されており、広辞苑での説明文は「火山の麓などにある、昔、人が住んだとされる洞窟」である。富士宮市の「人穴」の入り口は、浅間神社の境内にひっそりとたたずんでいる。

富士山の人穴は、富士講《ふじこう》（富士山と、富士山の神様をあがめる山岳信仰）にとって聖地とされている。同時に、「富士の人穴にある鳥居をくぐると、呪われてしまい、大事故に見舞われる」という恐怖の都市伝説も存在する。「人穴」は聖地でありながら、同時に心霊スポットというふたつの顔を併せ持つのだ。鎌倉時代には、将軍の命令で洞窟に探索に入った四人の家来が、原因不明の怪奇現象で全員死亡したという伝説も伝えられている。

洞穴が崩落する可能性があるため、現在「人穴」は封鎖されてしまった。

「人穴」の伝説を紹介するプレート。「人穴浅間神社内」に掲げられている。

江戸時代、人穴は富士講の修行の場とされていた。富士宮市の史跡にも指定されている「人穴」は、古くから富士講の信者たちにとって、重要な祭事の場所だったのだ。富士講の開祖である角行《かくぎょう》は、一五五八年にこの地を訪れ、修行を開始。そして人穴内で命を落としたとされている。その後、江戸時代中期に富士講は江戸に広まり、数多くの富士講の派閥が生まれた。

富士講の信者たちは、富士登山を行なった後に人穴に入り、宿泊していたという。現在でも、富士講の講員が作ったとされる二百二十三個もの石碑が、敷地内に残されている。

「人穴」という名前は、「洞窟のなかにある岩の突起が、人間の骨や身体の部分に似ているから」という理由で命名された。しかし現在は、洞窟崩落の危険性と、文化財保存という理由から、人穴に入ることはできない。人穴内のどこが人骨そっくりなのかは、もう確かめる術はないということだ。

「伊豆」は由来がたくさん!?

静岡の地名について語るなら、県内一の観光地である伊豆は欠かせない。「伊豆」の由来はいくつか存在する。そのうちのひとつが「出ず」が語源になっているという説だ。「出ず」といっても、「出ない」ではなく温泉が「出る」という意味。「半島が海に突き出ているから」や「その土地から温泉が湧き出てきたため」という説がある。伊豆といえば温泉が名物の観光地。「湯出ず」が「いず」に省略され、当て字がついて「伊豆」になったという伝記もうなずける。

そして伊豆半島の北東に位置する熱海《あたみ》には、「井津」という地名が存在した。「井」という一文字の漢字には、「泉、または流水から用水を汲み取るところ」や「地を掘り下げて地下水を汲み取るところ」という意味がある。「津」は、船着き場を意味する。

つまり、「温泉が出て人々の行き来がある場所」という意味の「井津」が、いつしか半

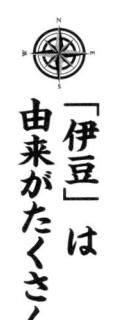

島の全体を意味する地名として範囲を広げ、現在の「伊豆」になった可能性がある。

「熱海」の由来は富士山に縁あり!?

静岡県や山梨県には「富士山が見える地域に温泉は出ない」という言い伝えがあった。その理由は、富士山の地下構造と、それによるマグマの位置による。

しかし、前述の通り、熱海は全国でも有名な温泉観光地。なぜ熱海は富士山が見える位置にあるにもかかわらず、温泉が出るのだろうか。それは、「熱海」の地名の由来にも関係する理由が隠されていた。

奈良時代、当時はまだ「熱海」の名前で呼ばれていなかったこの地域は、海中に湧く熱湯によって、魚たちはことごとく死んでいった。海水の温度が、温泉によって急上昇する。そして海の水が沸き上がって熱湯になるため、この土地は「あつうみヶ崎」と呼ばれていた。この「あつうみ」が省略され、「あたみ」と呼ばれることになったのだ。

海水の温度が上がり、魚が死滅する。そこで困るのは漁業を生業とする者だ。困った漁民は、箱根にいた仏教の修行僧である万巻上人《まんがんしょうにん》に助けを求める。そこで万巻上人は祈りを捧げ、熱い湯が吹き出る泉脈を、海中から山の中へと移した。

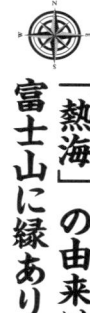

祈りによって漁民を助けた万巻上人は「泉脈の前にお社を建てて、欠かさず拝んでください。そうすれば現世でも来世でも幸せに暮らせます」と話したという。

静岡には「ヤバい交差点」があった⁉

御殿場《ごてんば》市にある「矢場居《やばい》交差点」をご存知だろうか。読み方は、もちろん「やばいこうさてん」だ。「すごい」といった意味を持つ若者言葉「ヤバい」のイメージのせいか、一体どれだけ常軌《じょうき》を逸《いっ》した交差点なのか気になるところである。

しかし交差点そのものは、至って普通の造りだ。道路の真上には新東名高速道路が走り、ちょうど御殿場ジャンクションが交差点の真上にある。ではなぜ「矢場居」なのか。それは、若者言葉の「ヤバい」の語源と切っても切れない関係にある。

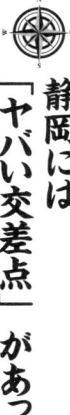

そもそも「ヤバい」には、「危険」「不都合である」という意味がある。現代の若者たちによる造語ではないのだ。「ヤバい」の語源は、江戸時代に庶民の間で親しまれたアトラクション、射的場が極めて危険な場所だったところに求められる。射的といっても、弓矢で的を射抜く遊び。つまり、御殿場の地名と同じ「矢場」という漢字があてはまる。

「矢場」がなぜ危険なのかというと、いくつかの説が挙げられる。「矢が飛び交うので危

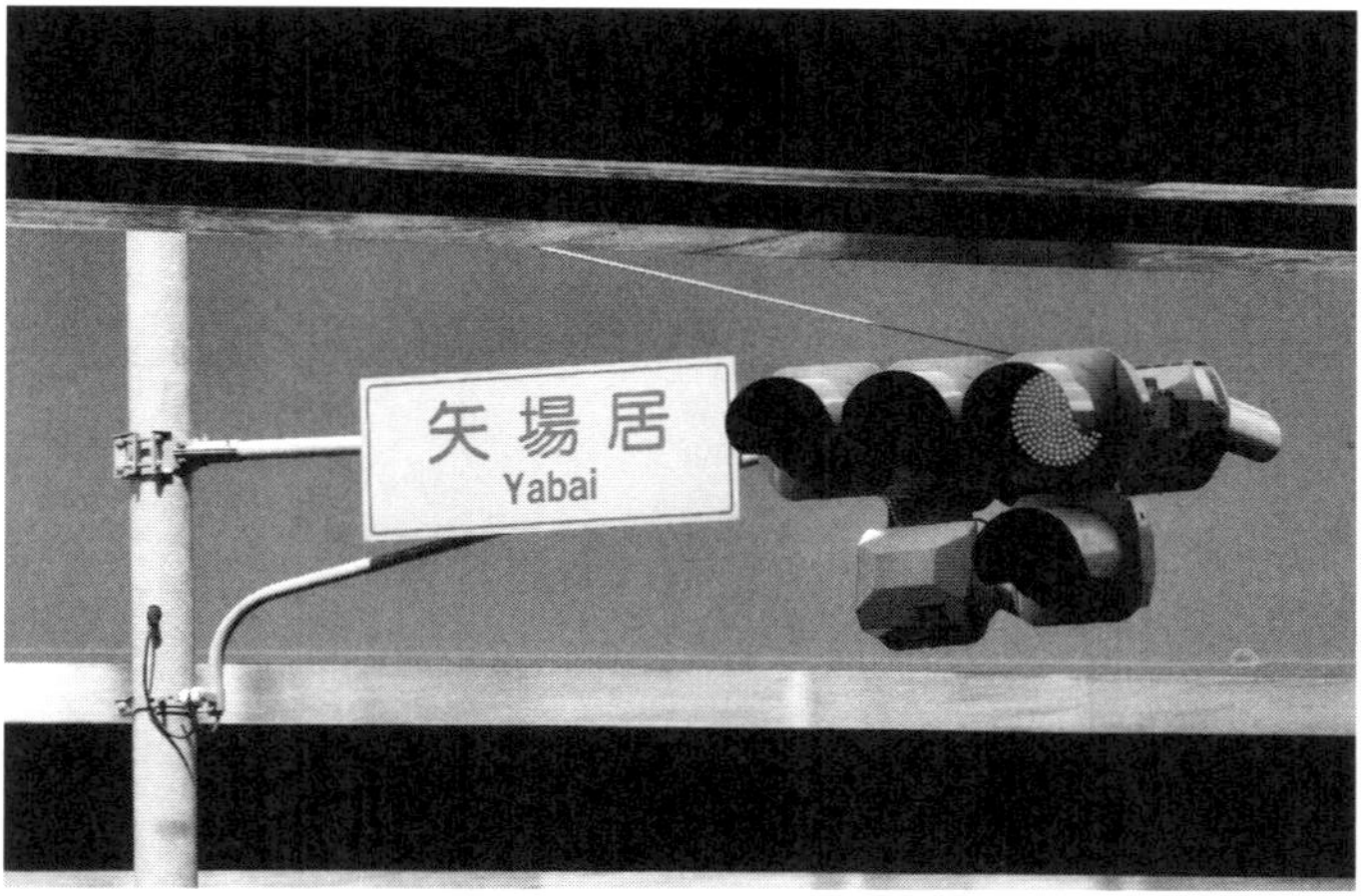

矢で射的を行なう「矢場」が、現在の若者言葉「ヤバい」の語源になっている。

険だった」という説や、「矢場で接客を行なう『矢場女《やばおんな》』は色香で男性客を惑わすこともあったので、矢場女に入れ込むことで身を持ち崩す危険があった」と伝えられる。また、「矢場は、役人から売春や賭博行為を疑われており、客は役人によって逮捕される危険があった」という説だ。そういった理由から「矢場」は「危ない」といった意味に変わり、現在も広く使われている。

御殿場の「矢場居」は、その昔、以上のような「矢場」の存在があったことから、現在でも「矢場居」と呼ばれているのである。

ちなみに、「矢場居交差点」の近くには「矢場居橋」が架けられている。

美人がいない!?
「美人ヶ谷」

掛川《かけがわ》市上西郷《かみさいごう》の中央部から少し北、広大な地域の中に、ポツンとひとつの集落が存在している。住民は七〇戸ほどが生活しており、過疎化が進んでいる。かつては他の地区の人々も多く訪れ、盛んに農業が行なわれた。この地の名前は「美人ヶ谷《びじがや》」と呼ばれている。

今からおよそ七〇〇年前、鎌倉時代から明治時代の初期までは、「美人ヶ谷」は東海道に次いで人や馬の行き来が多く、「美人ヶ谷」はちょうど交通の要となる土地だった。そのためこの地で足を止める者も多かった。また、別名「殿垣城《とのがきじょう》」と呼ばれる「美人ヶ谷城」という城も存在していたことから、時には宴会や茶会も催され、女性も多くこの地に足を運んだと記録されている。女性が多いということは必然的に美人の人数も多くなるため、「美人ヶ谷」の名前がついたというのが定説だ。とはいえ、人の往来が多かったのは、もう七〇〇年も昔の話。現在の「美人ヶ谷」には民家が点在するだけで、地名に「美人」がつくほど美人がいるのかどうかは定かではない。

「美人ヶ谷」の地区は、県道掛川川根《かわね》線が南北に通っており、ちょうど「美人ヶ谷」地区を東西に分断するかたちになる。「美人ヶ谷」地区の中央に連なる山には大きく突起している部分があり、その突起部分を地元住民は「城の壇」と呼ぶ。その南方西側には山本神社があり、神社東側の少し高くなったところを「学校屋敷」と呼ぶ。掛川で古城の研究をする専門家によると、ここが「殿垣城」の跡地という仮説を立てることができるという。

やかんと田んぼを交換!?

「二階堂」の前方の土地は市上と呼ばれ、その中には「やかん田」という土地がある。この土地が「やかん田」と呼ばれるようになった経緯が、実に興味深い。

ある日、「美人ヶ谷」近くの土地、石ヶ谷《いしがや》からやってきた松井という家の主人が、田んぼでお湯を湧かしていた。その光景を、田んぼの見回りをしていた岡田という人間が目撃。「あなたがやかんでお湯を湧かしているのを見て、私もやかんが欲しくなった」といい、やかんを譲ってもらうための交換条件として、岡田自身が持つ田んぼを差し出した。やかんひとつを手に入れるために田んぼを明け渡すという、なんとも大胆な手を打って出たのだ。松井はもちろん岡田からの提案を受け入れ、やかんを渡した。これが「やかん田」の名前の由来である。

縁起の良い地名
亀を祀った「亀の甲」!?

ＪＲ掛川駅の南口には、「亀《かめ》の甲《こう》」と呼ばれている地域がある。「亀の甲」近くには、亀を祀った「天神社《てんじんじゃ》」という神社がある。「天神社」は比較的小規模ながら、当初は天神様を祀っていたそうだ。それが時代を経るにつれて、いつしか亀を祀るようになってしまった。

神殿には、縦およそ一メートル近くもある、大きな亀の甲羅がたてかけられている。神社ができてから長い年月が流れるにつれて、神社にあった多くの甲羅が傷み、紛失してしまったとか。

中国では、亀の甲羅を使った占い「亀卜《きぼく》」が行なわれていた。日本でも、五世紀のものと思われる亀卜の遺物が発掘されている。だとすれば、亀を神様として祀っていても、なにも不思議はないのかもしれない。また、「亀」は「神」という言葉が変化して生まれた言葉だとする説もある。いずれにせよ、亀を神聖なものとして崇めるからこそ、地域の名前に「亀の甲」という地名がついたと考えられる。

心温まる「吉松」ストーリー

静岡には様々な地名があり、地名の数だけ由来がある。だがあくまで「おとぎ話」という前提で由来が語られている地名も存在する。

なかでも、掛川市の「吉松《よしまつ》」は、地名の成り立ちに関して心温まる物語が言い伝えられている。以下にその筋書きを紹介したい。

時は一七五八年。ある日、老婆がいつものように畑仕事にでかけると、どこからともなく「おばば…」と呼ぶ声がした。老婆が辺りを見回すと、そこには立派な身なりの武士が隠れていた。

老婆は驚いたものの、武士の品の良さを察し、着物と笠を渡して変装させてやることにした。侍が着物に着替えたところで、追っ手の兵士が現れた。だが老婆は追っ手に嘘の情報を教え、武士を助けた。そして「あそこの葦のなかに一本の松があるから、そこに隠れていなさい」と、武士に身を隠す場所を教えた。夜になると老婆は松を訪れ、隠れていた武士におむすびや干し芋を差し入れた。武士は「こんなに美味いおむすびを食べたのは初めてだ。この恩は決して忘れないぞ」と礼をいって、その場から立ち去った。

それから七、八年後、老婆の家に、紋付き羽織り袴姿の立派な侍が現れた。その侍によると、老婆が過去に助けたのは、敵兵から逃げる途中だった徳川家康だったというのだ。敵は多数で、相手は大将である徳川家康ただひとり。執念深く家康の後を追っていた。家康は老婆の助けのおかげで城に戻り、その後は運が開けて戦に勝つことができた。家康は、かくまってもらった礼として、葦と松が生える一帯の土地を老婆へ贈呈しようと考えた。羽織り袴の侍は、家康からの礼を伝えるため、老婆の家を訪れたのだった。そして老婆は家康の礼を受け取り、以後は葦の生えた一帯は「葦松《あしまつ》」と呼ばるようになった。年代と家康は合わないが、こうした伝説があった。

老婆の息子夫婦は働き者だったため、土地の開墾に成功。それから年月が流れるにつれて「葦松」は名前を変えて「吉松」と呼ばれるようになった。また、菩薩像を祀り、戦で亡くなっていった武士たちを供養するための場としたそうだ。

このお話は「掛川のむかし話」とされ、掛川市の教育委員会社会教育課に残されている。

昔はたくさんの熊がいた!? 天竜区の「熊」

浜松市天竜区にある「熊」という土地。読み方は、いたって普通で、「くま」だ。公式では「くま」という読み方であるものの、地元の人たちは「くんま」と呼ぶ。「熊」の土地に建てられている案内地図にも「くんまっぷ」という名前だ。くんまのまっぷだから「くんまっぷ」である。

この土地には、「熊」というバス停があり、「熊郵便局」もある。交番の「熊駐在所」もあれば、「浜松市立熊小学校」「熊中学校」もある。

室町時代である一四六二年の文書の中には、「熊村」という記述が残されている。由来は「熊が多かったから」か、もしくは「紀州の人がこの地に移り住む際に、熊野三山（熊野本宮大社《ほんぐうたいしゃ》、熊野速玉大社《はやたまたいしゃ》、熊野那智大社《なちたいしゃ》）を祀《まつ》ったからというふたつの説がある。

「熊」は二〇〇五年に、市町村合併により「浜松市熊」となり、さらに二年後の二〇〇七年、政令指定都市化によって「浜松市天竜区熊」になった。

十九人の首が祀られた「十九首塚」!?

掛川市には、平将門《たいらのまさかど》一門の兵士十九名の首を祀る「十九首塚《じゅうくしょづか》」という地名がある。

時は九三九年、平将門は、朝廷の支配を排除し、自らの独立国を建てようと考えた。この乱を平定したのが、藤原秀郷《ふじわらひでさと》という武将だ。秀郷は将門を討ち取った後、京からの援軍とともに、将門軍の生き残った兵士を掃討する作戦に打って出た。結局、平将門による反乱は完全に鎮圧された。

秀郷は、将門とその残党、合わせて十九名の首級《しゅきゅう》（討ち取った敵の首。多く取るごとに階級が上がったことから「級」の字が使われる）を京へ持ち帰ろうとした。

そして京から下がって来た勅使と合流し、本当に秀郷が取った首か、さらに、首の身元は誰なのかの検査を行なった。この検査を行なった地が、現在の掛川である。

「首実検《くびじっけん》」といわれるこの検査は、東光寺の脇を流れる小川で首を洗い、その首を橋に懸けて行なわれた。ちなみに、橋に首を懸けたことから、この川は「懸川《かけがわ》」と呼ばれ、現在の「掛川」になったという説がある。

首実検が無事に終わると、検査を担当した勅使は「首を京まで持って入るべきではない。ここに捨ててしまおう」と提案。しかし秀郷はこれに反対し「平将門は反乱軍を導いたが、亡くなった人間にまでひどい仕打ちをするべきではない」と考え、手厚く葬ることになった。

掛川市の地元では、首実検が行なわれたという八月十五日に、毎年供養祭を行なっている。そして「十九首」は町の名前となり、後世まで語り継がれることになった。

秀郷の提案によって建てられた首塚は、当初は討ち取った敵の数、つまり十九個用意さ

平将門を含め十九人の首が祀られているとされる「十九首塚」。塚にはそれぞれ祀られている人物の名前が刻印されている。

れた。しかし時代と共に徐々に塚は減り、一時は将門のものと思われる大きな塚だけが残されていた。

その後、将門の塚を取り囲むようにして、地元住民の提案によって失われていた十八の首塚が新しく作り直された。現在では、「十九首塚公園」として整備され、地元では首塚を「町の守り神」としている。

ちなみに、首実検の際に将門軍の首級を洗った川は、このときの出来事が由来となって「血洗川《ちあらいがわ》」と呼ばれていたそうだ。ちなみに現在はその名前は残っていない。しかしもし「血洗川」の名前が残っていたとしても、あまりの恐ろしさに、地元の住民たちは寄り着かなかったに違いない。

第二章

「地理」から見る静岡県

もともとは縁起が悪かった「静岡県」名称の誕生秘話

日本全国、様々な土地の名前におのおの理由があるように、四十七都道府県の名前にもそれぞれ誕生の由来がある。

静岡県は、昔からの名前というわけではない。江戸時代、幕府の直轄地であった静岡市は、「府中《ふちゅう》」や「駿河《するが》の府中」という名称で呼ばれていた。

徳川幕府で十五代目の将軍を務めたのは、徳川慶喜《とくがわよしのぶ》。徳川幕府最後の将軍である。彼は大政奉還の後、新しく誕生した新政府から「逆賊」として厳しく罰せられる運命にあった。しかし、慶喜は朝廷に忠実に従う態度を決めたため、罰は比較的軽いものとなり、徳川家が潰されるという重罰から免れることになった。明治維新を迎え、徳川家は御三卿のひとつである田安亀之助《たやすかめのすけ》に家督が相続された。亀之助は後に名を家達《いえさと》と改め、府中藩の藩主となった。

府中藩誕生の経緯から、新政府の顔色をうかがわなければならなくなった徳川家。しかし、少しでも怪しい動きを見せれば、すぐに新政府に目をつけられる。下手な動きを見せ

※静岡県分類図

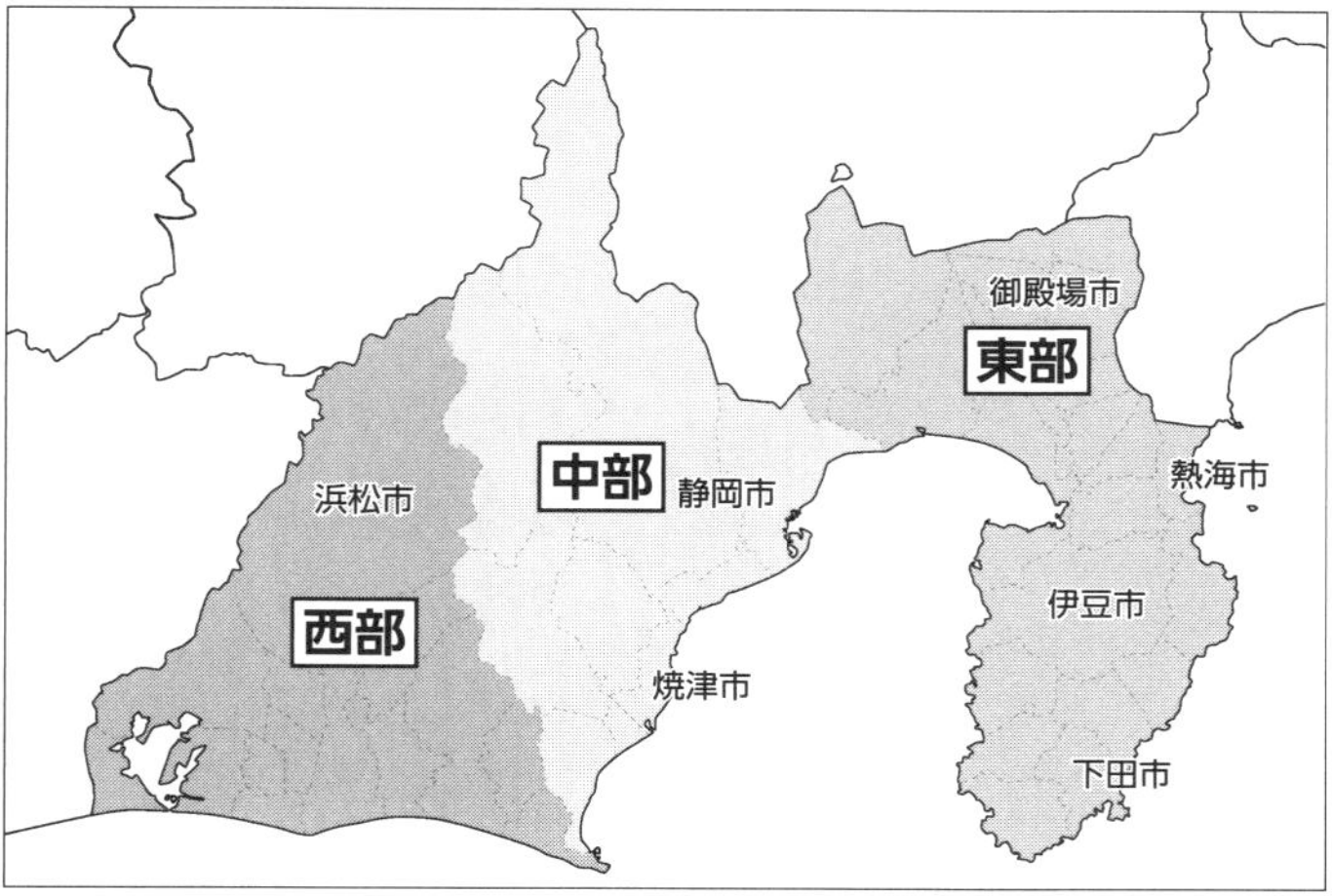

静岡は大きく3地方に分類される

れば、いつ潰されるかわからない。そんな背景もあり、府中藩は過敏なまでの対応をせざるを得なかった。

その対応のひとつが、「府中」の改名だ。「府中」とは文字通り国の中心である都を意味する。また、声に出してみると、「府中」は「不忠」と同音である。新政府に忠義を誓わなければ、藩の存続や自分たちの身も危うい。こうして新政府への対応に神経をすり減らす徳川家は、藩の名前の変更に自らを追い込んでいった。

そこで、新たな藩の名前を役人たちに募ったところ、挙げられたのが「静《しず》」「静城《しずき》」「賎ヶ丘《しずがおか》」の三案。「賎ヶ丘」は、駿府を代表とする「賎機山《しずはたやま》」にちなんで考えられた。この山の標高は百七十二メートル。一四一一年（応永十八年）には今川範政が「賤機山」に城を築いている。このように有名な山であるから、名にあやかろうと「賤ヶ丘」という名前が考えられたのだろう。しかし、「賤ヶ丘」の「賤」は「いやしい」という意味を持つ。そこでこの案は廃案となる。

結局、残ったのは「静」と「静城」だった。ここに登場するのが、漢詩人として名を残した旧幕臣、向山黄村《むこうやまこうそん》だ。彼は自らの知識を活かし、「賤」を「静」、「丘」を「岡」と改めるよう発案した。そして新たに「静岡藩」が誕生したのである。その後、廃藩置県を経て、「静岡県」と改称され現在まで続いている。

ちなみに、廃藩置県が行なわれた時点で、静岡県には三つの県があった。韮山県（現・伊豆）、静岡県（旧・駿河、遠江）、堀江県（浜名湖北部）である。明治四年十一月、韮山県は後に廃止される足柄県の一部となり、遠州地方には新たに浜松県が誕生した。そして堀江県廃止の後、明治九年八月十一日、浜松県と静岡県が合併。現在まで続く静岡県が誕生したのである。

今では静岡の名産
川渡しが作った「お茶の県」

静岡県といえば、なにを思い浮かべるだろうか。日本一の高さを誇る「富士山」は山梨県と静岡県にまたがる有名な山だ。これは、日本人ならば誰もが知っている事実であろう。他にも、日本有数の大きさを誇る「浜名湖」など、大自然を味わうことができるのが静岡県の魅力である。また、雄大な土地は、優良な作物をも生み出すことができる。静岡県の名産である「お茶」もそのひとつである。

静岡名物と聞いて思い浮かぶのは「静岡茶」だろう。現在では、京都府の「宇治茶」とならび、日本二大茶と称される（狭山茶を含め、日本三大茶とする場合もある）。このため、知名度と人気は抜群である。しかし、静岡県がお茶の名産地となったのには、理由がある。

職を失ったものたちが作り出した「お茶」

時は江戸時代にさかのぼる。東海道の道中、遠江《とおとうみ》以東の大きな河川や湖沼には橋が架け

静岡県の茶畑。広大な緑が広がる。

られていなかった。そこを渡る旅人は、舟か徒歩で移動するしかなかったのだ。中でも大井川は、大雨の度に氾濫を繰り返す、東海道最大の難所と呼ばれていた。その厳しさは、「箱根八里は馬でも越すが越すに越されぬ大井川」という唄も存在するほどだ。これほどまでに大暴れする川なら、橋を架けてしまえばいいだろう。しかし、この周辺は駿河と遠江の国境であったため、幕府側の防衛措置として、架橋や通船は禁じられていた。そこで活躍したのが「川越《かわごし》人足《にんそく》」である。依頼人を肩車する形で対岸まで運ぶ仕事だ。渡し銭は少々高くついたが、大井川を渡る人にとって、「川越人足」は非常に重宝しただろう。

川越人足の使用には、「川札」と呼ばれ

るものが必要であった。旅人はまず「川札」を購入し、川越人足に手渡して対岸まで運んでもらうという手順だ。川札の値段は水深によって変わり、毎朝、侍川越と呼ばれるものが川幅とともに計って定めていた。また、水深は「股通」や「乳通」など、身体のどこまでが浸かるかで計る仕組みになっていた。最も深い「脇通」以上の水位の場合は運行不可能ということで川留めとなった。なお、川渡しは時間も定められており、午前六時頃から午後六時頃までとなっていた。

ところが、明治三年（一八七〇年）五月、ついに大井川にも渡船の許可がおりた。同時に、大井川の川越人足は廃止されることに。当然、「川越人足」を生業にしていた者は全員、職を失うことになってしまった。その数は、実に八百人にものぼる。静岡藩は、無職となった川越人足の人々を救うため、彼らに牧之原台地の開墾作業をさせることにした。こうして、牧之原の大茶園が誕生したのだ。静岡の気候がお茶作りに適していたことも相まって、今日まで続く有名なお茶どころとなったのである。

現在では、発祥の牧之原を含め、富士・沼津や庵原《いはら》、本山《ほんやま》や川根、掛川や天竜など、静岡県内には多数のお茶の産地が名を連ねている。開墾当初の一八八七年には全国の十四パーセント足らずだった生産量も、現在では全国のお茶の製造量の四割を担う、お茶の主要な産地へと成長した。

神話に登場する地名がたくさん「焼津」「草薙」「日本平」

静岡県の中心部に位置する「焼津《やいづ》」。各種スポーツ競技場が豊富な静岡市清水《しみず》区の「草《くさ》薙《なぎ》」。そして「草薙」の近くに位置し、雄大な景色を拝むことができる「日本平《にほんだいら》」。これらは静岡県に存在するさまざまな地名の中でも、実に由緒のある土地である。

日本神話に登場する「ヤマトタケル」。「日本書紀」や「古事記」に登場する皇子で、日本の古代伝説上の英雄である。正式名称は「日本武尊（ヤマトタケルノミコト）」。彼が歩んだ人生の中に、前述の地名のもととなる事柄が隠れている。

ヤマトタケルの功績から名付けられた地名

ひとつめは、焼津市。ここは、海に近いこともあり、漁業が盛んな地域である。特にこの地域で獲れる「まぐろ」は絶品である。しかし、海の近くならば「水」に関連しそうな言葉が地名になっていそうなものだ。港を表す「津」こそ入っているものの、なぜか上につく「焼」の文字。いったい、「焼津」という言葉はどこからきたのだろうか。

ヤマトタケルが相模国《さがみ》へ遠征に出かけた際、草原で賊に襲われてしまう。命からがらなんとか窮地から脱出した皇子は、形勢逆転とばかりに迎え火で敵を焼きつくした。これが、「焼津」の語源である。

また、草原に火を放たれた際に、ヤマトタケルが持っていた剣が「天叢雲剣《あめのむらくものつるぎ》」である。この剣で「ヤマトタケル」は燃やされた草原を払い、敵を打ち払ったのである。この戦をきっかけに「天叢雲剣」は名を改めた。これにより「草薙の剣」という、「草薙」の地名のもととなる言葉が誕生したのだ。

ヤマトタケル(日本武尊)像。

ちなみに、現在の静岡市には「草薙神社」がある。名を見てみてもわかる通り、「草薙の剣」との関係性が深い。

日本平からの景色。雄大な富士山が一望できる。

前述の「ヤマトタケル」の伝説の残る地に建設されたものだ。

敵である賊との戦を制した後、ヤマトタケルは高台である有度山《うどやま》に登る。四方を見渡すためである。周りの景色を眺める彼の姿を見た当時の人たちは、「日本平」と呼ぶようになったのだ。

日本平は、様々な分野でその美しさを認められている。実に雅な景観は、「日本観光地百選」「国の名勝地」「県立自然公園」に名を連ねている。また、晴れた日には「富士山」「伊豆半島」「南アルプス山脈」「駿河湾」など、数々の静岡の名所を一望することができる。

多数の藩が存在した静岡県
四ヶ月だけ置かれた県があった

日本は廃藩置県によって現在の四十七都道府県の体制に移行した。今では一般的な「県」という地域区分。しかし、江戸時代には、日本は「藩《はん》」に分かれてそれぞれに独自の文化などを育んでいた。その数は三百にものぼり、全国に実に多くの藩が存在していたということがうかがえる。

さて、静岡県も例外ではなく、多数の藩から成り立っていた土地である。静岡藩や浜松藩、駿府藩すなわち府中藩などが有名である。

虚偽の申請から誕生し、短命で終わった「堀江県」

静岡県に存在した藩の中で、あまりに短い命のため、「幻の藩」と呼ばれていたものがある。「堀江《ほりえ》藩」である。現在は、浜松市西区に該当する地域だ。この「堀江藩」は特殊な存在であった。なんと誕生から四年という、非常に短い期間で廃止されてしまったのだ。

基本的に、藩は一万石以上の石高を有する大名にその資格が与えられる。一八六八年の

大沢氏が構えた「堀江陣屋」。現在は標柱が残っているのみである。

九月、静岡県の浜名湖東部に住んでいた旗本の大沢基寿《おおさわもととし》は、石高を一万石として政府に申請した。そして大沢は「大名」として認められ、立藩が許可された。これが「堀江藩」のはじまりである。

しかし、実際のところ大沢は一万石も所有してはいなかったといわれる。実際はなんと六千石にも満たなかったようだ。要するに彼は、虚言で藩の作成にこぎつけたということになる。浜名湖の水面までを土地として計測したり、「いずれ埋め立てて開墾する予定」など、さまざまな理由をむりやりつけたりもした。そうしてなんとか藩の作成の許可をもらうにいたったのだ。

しかし、虚偽の申請は結局「虚偽」である。結果的に「堀江藩」は長くは続かず、

⁂堀江藩の歴史

1868年	5月	駿府藩誕生
	9月	堀江藩誕生
1869年	6月	版籍奉還で駿府藩は静岡藩に
1871年	7月	廃藩置県で静岡藩は静岡県に。堀江藩は堀江県に
	11月	堀江県廃止。浜松県誕生

たった四ヶ月で幕を閉じることになった、堀江藩の歴史

一八七一年十一月、石高を偽った申請が発覚し、大沢は士族にまで大きく地位を下げられた。同時に、一年の禁固刑も言い渡される重罪となった。その後、堀江県は浜松県に合併されることとなったのである。

実は堀江藩は廃藩置県の際にも生き残り、わずか四ヶ月であるが「堀江県」として名を残した。また、多数の藩主が罷免され、東京居住を余儀なくされる中、大沢は「堀江県知事」として土地の長の職を継続できたのである。当時、藩主が県知事として存続できること自体が非常に希有であった。しかし、最終的に大沢はすべての化けの皮が剥がされ、罪を背負うこととなってしまったのだから、なんとも残念である。

静岡の「歌舞伎町」遊郭がしのぎを削った「二丁町」

駿府の西端には、「安倍川町《あべかわまち》」と呼ばれた地域がある。別名を「二丁町《にちょうまち》」というこの場所は、昔、遊郭が密集していた土地で、もとは家康の手によってつくられたものだ。

長年、家康に仕えた伊部勘右衛門《いべかんえもん》が、退職する際、謝礼として家康に預けられたのが安倍川町である。その際、町中に散らばっていた遊女たちを一ヶ所に集め、遊郭を設置した。

これが、「二丁町」の起源である。

働く遊女を集めてつくった町

当時、二丁町には実に八十軒の遊女《ゆうじょ》屋が存在したといわれる。そこに働くものをすべて合わせると、約三百人にのぼる。

「二丁町」という名前は諸説あるが、一説では、もともと五丁あったうち、三丁が江戸の吉原に移された。そうして残った二丁の名をとったという説が有力だ。また、安倍川町の広さが二町四方あったことから、とする説もある。

徳川家康が居城とした「駿府城」。

作品にも登場する町

「二丁町」は、さまざまな書物にもたびたび登場する、有名な土地である。「十返舎《じっぺんしゃ》一九《いっく》」が著した代表作『東海道中膝栗毛《とうかいどうちゅうひざくりげ》』をはじめ、多数の江戸文学にその名を刻んでいる。二丁町ではなく、そこで働く「遊女」そのものを主人公とした『安倍川の流』がある。これは人気の高い洒落本《しゃれぼん》であった。書いたのは雨雪軒国水《うせつけんこくすい》で、彼は江戸から訪れていた。

現在では静岡市に位置するこの「二丁町」。遊女が家康に呼び出された際、誰が家康のお眼鏡にかなうかわからない。そのことを懸念した家来たちは、戦々恐々としていたという話も残されている。

水戸黄門は全国をまわっていない!? 知られざる江戸の歴史

『水戸黄門《みとこうもん》』といえば、大人気のテレビドラマでお茶の間に知られている。助さんと格さんをひきつれて全国行脚を行なう。その道中で悪者を成敗しながら物語が進んでいくという時代劇である。番組の後半では、印籠を持って、「この紋所が目に入らぬか！」と叫ぶ。この台詞でも有名である。

水戸黄門は、本名を徳川光圀《とくがわみつくに》といい、江戸時代に実在した人物である。もともと徳川家の重鎮で、水戸藩の藩主を務めていたことから、自らの姓もまた「徳川」となった。そこに、唐から伝わった公家階級「中納言」を意味する「黄門」をつけて、現在、誰もが知る名前で呼ばれるようになったのである。

前述の通り、近年放送されているドラマの中では、水戸黄門は全国をまわる物語になっている。時代劇でもあるため、一般的には歴史上も同様であったと思われているだろう。

しかし、実際はそうではない。水戸黄門は、全国を旅してなどいないのだ。

茨城県水戸市にある水戸黄門の像。

いちばんの遠征は「熱海」まで

実際に移動したのは水戸と江戸の往復がほとんどである。もちろん多くの護衛兵を引き連れてである。一番遠くまで出かけたのも、静岡県の「熱海」とされている。

熱海に赴いたのも、仕事などではなく、幼少期に父親と訪れただけのようだ。温泉に入ったり、貝拾いを楽しんだという記録が残されている。実際の水戸黄門はドラマの世界とは大きくかけ離れた生活を送っていたことを伺い知ることができるだろう。

移動の際も、行脚のように徒歩ではなく、出発点から目的地まで一貫して駕篭《かご》に入っての移動が中心だったというのだから、驚きである。

実際に全国を旅していたわけではない水戸光圀公。それではなぜ、全国行脚の物語が作られることになったのだろうか。

カギを握るのは水戸黄門の右腕となる「助さん」「格さん」である。彼らは黄門様が『大日本史』を編纂するときに使えていた忠臣である。助さんや格さんのほかにも、忠臣として光圀公に仕えたものは実に六十名にものぼったという。

彼ら「忠臣」の仕事のひとつが、『大日本史』作成のための史料を全国をまわって集めることであった。そこで、彼らが全国に赴いた事実が、後に『水戸黄門放浪記』と脚色されることになったのである。

また、水戸黄門といえば数々のいわれを持っている。読書の際に途中まで読んだ本に挟む「栞《しおり》」。これを考えついたのは、水戸黄門であるという説もある。また、初めてという点でいえば、「ラーメン」も同様である。こちらは割と有名だが、日本で一番最初にラーメンを食べたのも水戸黄門だといわれている。一六六五年、明の儒学者である朱舜水《しゅしゅんすい》が自国の料理を振る舞ったのが始まりといわれている。ちなみに味は「塩ラーメン」だったようだ。

今も昔も大人気
将軍も訪れた「熱海温泉郷」

静岡県といえば、お茶やうなぎのほか、「温泉」でも有名な地域である。熱海温泉や伊豆高原温泉などが知られている。県内にはこれらのほかにも多数の温泉が点在している。静岡こそまさに温泉大国と呼ぶにふさわしい土地である。

中でも熱海は「泉都」と呼ぶにふさわしい、旅館や湯治場の激戦地である。温泉郷の名前でもある。「熱海」とは、一章でも触れたが、「熱い海」というのが地名の由来。読んで字のごとく、起源のわかりやすい温泉地ならではの名前である。その昔、海中から源泉が吹き出し、魚が死んでしまったという逸話も残っている。

伊豆《いず》湯河原《ゆがわら》や伊豆山、熱海や多賀《たが》、網代《あじろ》や初島《はつしま》などを総称して「熱海温泉郷」と呼ぶ。この地域は現在でも有名な温泉地だ。県内のみならず、県外からも多くの人が訪れている。

江戸時代の将軍や庶民の憩いの場

近世の日本では、現代のような「旅行ガイド誌」にあたる冊子がすでに全国的に普及し

熱海海岸の様子。暖かい気候から、観光客も多く訪れる。

ていた。これらの影響で、熱海温泉郷は瞬く間に人々の間に知れ渡るようになった。結果的に、全国からさまざまな人々が熱海を訪れ、湯治を楽しむようになったのである。

徳川家康は駿府に拠点をおいていたため、将軍に就任する以前にもいち早く熱海を訪問している。また、幕府を開いた後も、息子を引き連れて短期滞在をしたという記録がある。その際、お土産として温泉の湯を持ち帰ったほどの気に入りぶりだったという。

三代家光《いえみつ》や、四代家綱《いえつな》が国を治める頃には、樽に温泉の湯を入れて江戸城まで運ぶのが恒例であった。これらは毎年行なわれ、以降、将軍家に代々引き継がれることとな

※伊豆にある主な温泉

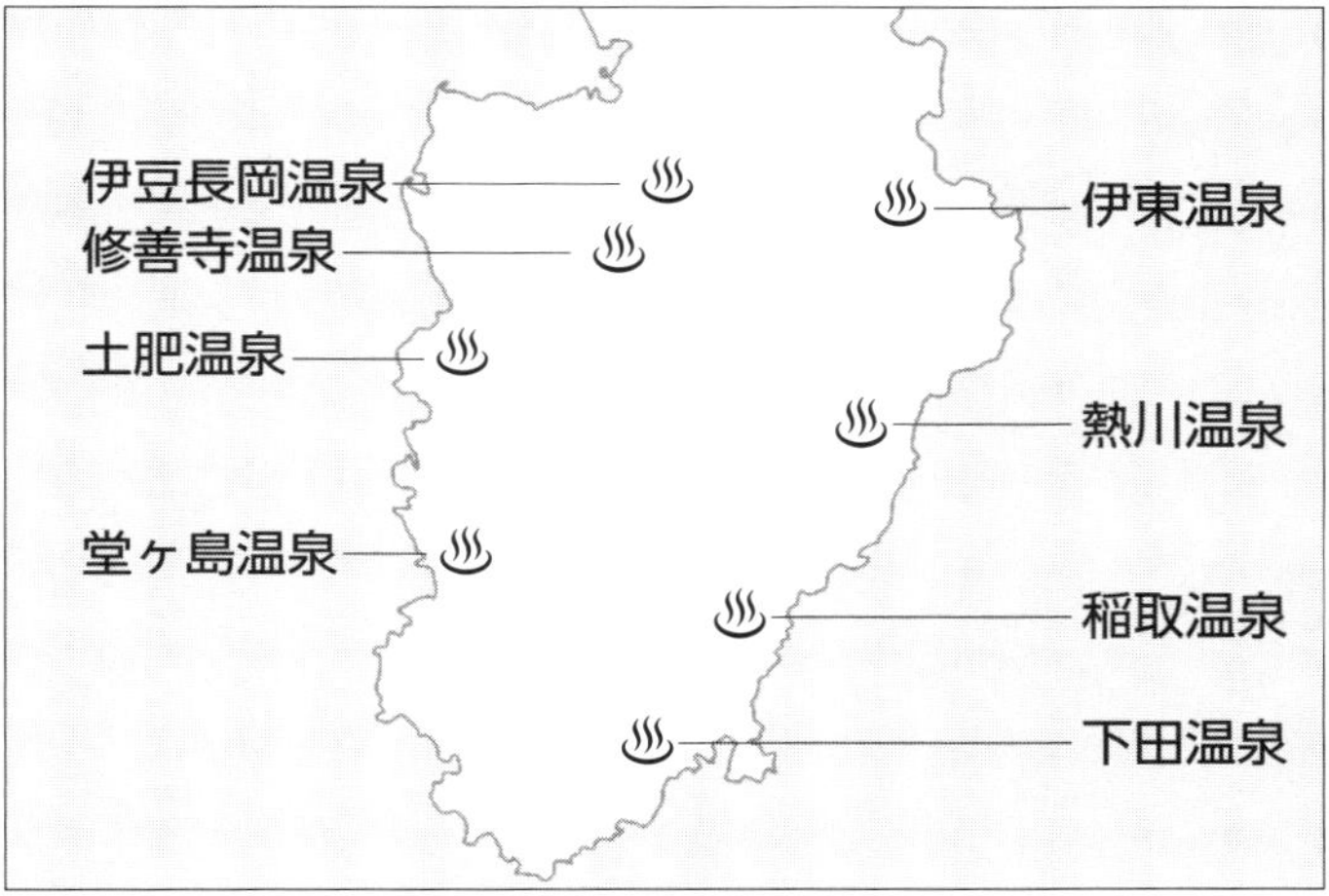

温泉大国、静岡県の温泉分布図。有名な温泉が軒を連ねる。

った。

江戸時代中期から後期になると、庶民の間に旅行ブームが広がった。そこで噂を聞きつけた地方の庶民も、みな我先にと熱海温泉郷を訪れた。中には、奥州など、遠方からはるばると駆けつけた人もいたほどである。

江戸時代に始まった熱海温泉郷の湯治だが、明治時代に入ってもその人気はとどまるところを知らなかった。戦時中さえも軍の休息場として人気を博したし、疎開者たちにとっても唯一の憩いの場であった。こうして、「熱海温泉郷」は今日まで繁栄してきたのだ。

日本で開通した「市外電話」発祥は「熱海市」だった！

熱海は前項でも述べた通り、温泉地として有名である。江戸末期の「旅行ガイド誌」によって全国的に知られるようになったこの地は、あっという間に来訪者数が伸びた。全国でも有数の、有名な観光地となったのである。

江戸時代が終焉を迎え、明治時代になっても、その人気が落ちることはなかった。観光客は大勢いたが、中でも経済的に豊かな東京からの客が多かった点が特徴である。役人や実業家なども頻繁に訪れるほどであった。官界や財界人も頻繁に保養に訪れるようになった。爆発的に客足の増えた熱海の大物たちがこぞって、当時としては珍しい設備に手を伸ばすことになる。

東京と熱海の間の連絡の要

熱海市は温泉地として有名であるほかに、日本の発展に大きく貢献してきた土地でもある。今では誰もが使う「電話」。市外への初めての電話の開通を行なったのは他でもない、

熱海市に置かれた市外電話創設の記念碑。

熱海市である。

そもそも「電話機」の発祥はアメリカにある。「電話機」は、アレクサンダー・グラハムベルという人間が発明した画期的な通信手段だ。

グラハムベルが電話機を開発した十三年後、彼が生んだ道具は日本にもとうとう取り入れられた。はじめは、赤坂溜池葵町にある工部省と、赤坂御所にある宮内省の間を結ぶ線が作られたのみであった。その距離はわずか二キロメートルだった。電信局長が新聞記事を読んだのが初めての通話である。

しかし、単に二キロメートルを結ぶだけでは現在までの電話機の発展はないだろう。遠距離でも会話を繋ぐことが、電話の大きな役割のひとつであるからだ。当時熱海を訪れていたのは、前述のように政治家や政府の人間が多かった。彼らが東京との連絡をとるのに利用したのが市外電話である。

工部省の電信局長を務めていた石井忠亮は、電信用の海底ケーブルを敷設するために中国に渡った。そこで彼は、日本との大きな違いを目の当たりにすることになる。上海の人間は、役人などでなくても、一般人でもみな同様に電話の使用をしていたのである。

石井は帰国すると、日本でも電話のサービスを始めるべきだと考え、政府に請願した。その申し出に、政府はなかなか首を縦に振ろうとはしなかったが、一八八九年にようやく民営の電話の許可をおろしたのである。

現在、熱海市には、市外電話発祥の地として、大きな石碑が置かれている。そこには電話の歴史がしっかりと刻み込まれているのである。すぐそばには明治百年記念の初の公衆電話を模してつくられた、白い公衆電話ボックスが置かれている。今でも熱海は市外電話の創設の地として、その名を刻んでいるのだ。

新幹線停車駅多数の静岡県 しかし意外な事実も

一九六四年、日本中が東京オリンピックに沸いた。日本で開催される初の国際的なスポーツの祭典に、日本中の人々が歓喜した。第二次世界大戦敗戦後、日本は焼け野原になったわけだが、その後わずか二十年で復興した。この短期間で、日本は諸外国と同じレベルまで復興を遂げたのである。これには海外諸国もさぞ驚いたことだろう。東京オリンピックはそんな日本の実力を世界中に見せつけるためのいい機会にもなった。

さて、技術の進歩は人々の移動手段にも及ぶこととなった。高速で陸上を移動する新幹線。静岡県には「新幹線」という名前の地域があるのだが、なんと実際の新幹線に関しては県民も納得できない事実があるという。

「のぞみ」が停車しない静岡県

静岡県には、新幹線の止まる駅が数多く存在する。「浜松」「掛川」「静岡」「新富士」「三島」「熱海」と、その数は実に六つにものぼる。静岡県まで行く際には、新幹線を利用

東京と新大阪を結ぶ新幹線「のぞみ」。

する人も多いだろう。

新幹線「のぞみ」といえば、東京から博多までを結ぶ乗り物である。東京を出発し、新横浜や名古屋を通り、京都を経て、博多までを移動する。一章でも触れたが、静岡県には「新幹線」という地名がある。このような地名もあるくらいだし、停車駅も多数存在する。しかし、静岡県には、この「のぞみ」が停車する駅がひとつもない。これは現在でも静岡県の人の間ではデリケートな話題だという話もある。どことなく釈然としない気持ちもあるのかもしれない。

しかし、ただ単純に理由もなく静岡県の新幹線駅に停車しないと決まっているわけではない。これにはきちんとした背景が存在するのだ。

※「のぞみ」と「こだま」の停車駅

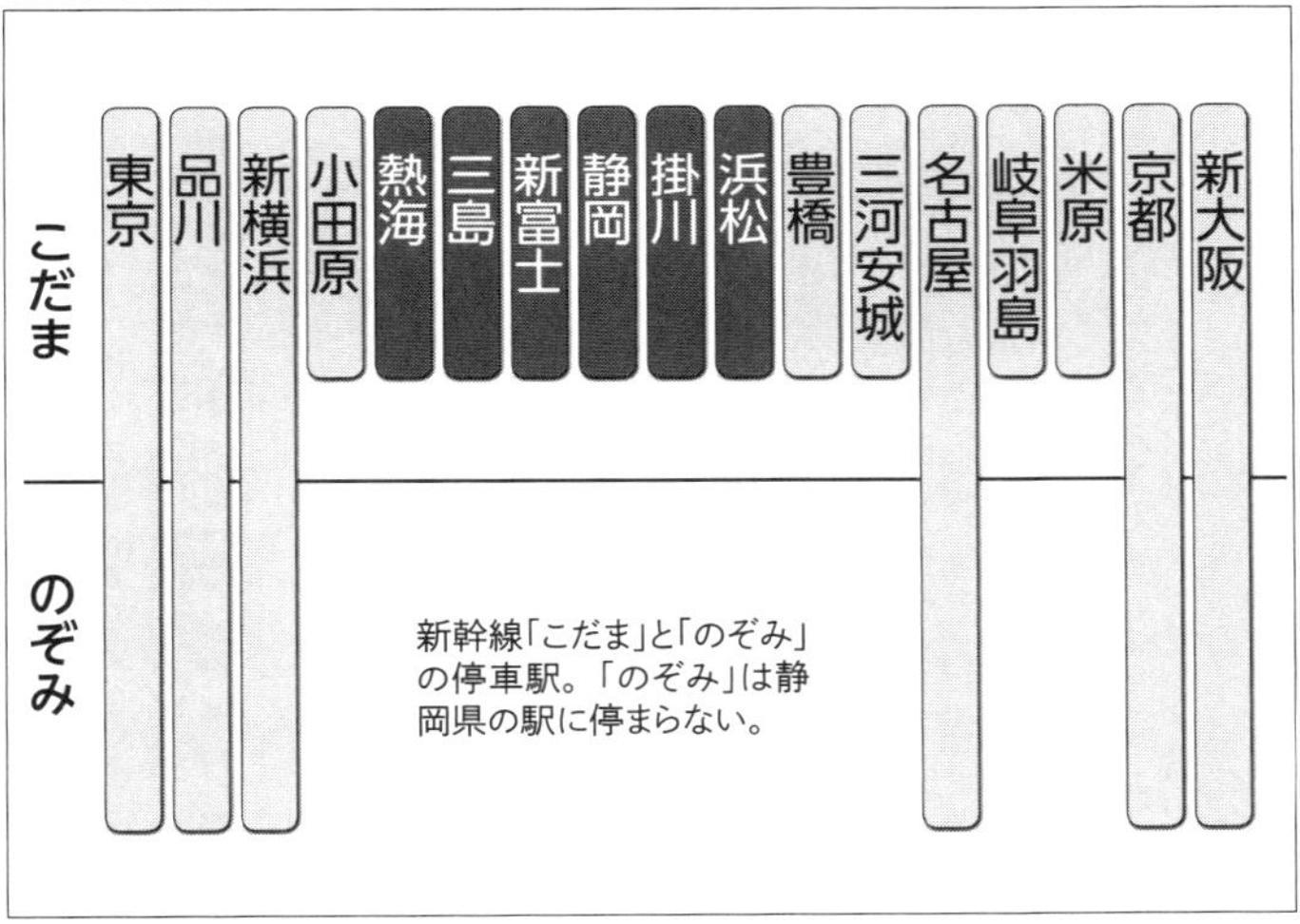

新幹線「こだま」と「のぞみ」の停車駅。「のぞみ」は静岡県の駅に停まらない。

新幹線「のぞみ」がつくられた最大の理由としては、東京と名古屋を結ぶ線が欲しいという点にあった。つまり、東京・名古屋の移動のためにつくられた新幹線は、目的地である名古屋にたどりつければよかったため、間に通過する静岡県には、停車する必要がなかったということなのである。

そう説明されても、静岡県民にはあまり納得できないかもしれないが…。

とはいえ、静岡県は五章でも触れるが、流通の要だ。十二の市町村合併を経て、二〇〇七年には「政令指定都市」と認められた「浜松市」もあり、栄えているのに違いはない。ぜひ、静岡県にも「のぞみ」が止まる日が来ることを心待ちにしたい。

綱引きで県境を決めている？ 武勇伝が由来の峠がある

静岡県浜松市と長野県飯田《いいだ》市の県境には、「青崩峠」というものが存在する。標高は約一〇八〇メートル。地図を見ると、国道一五二号線上に存在する峠だが、実際には通行止めとなっており、車では通過できない。実に険しい峠であるため、人の足で歩く事自体も非常に難しい場所である。

興味深いのはその名称の由来である。

「青崩峠」とは、「あおくずれとうげ」と読む。なんとも恐ろしい名前だ。この名がついたのは、崩れ落ちた地肌の色に由来する。青い山肌がむきだしになった姿は、なんとも荘厳な印象とともに、自然の脅威を感じる。

この「青崩峠」だが、歴史的に大きな役割を担った地でもある。その人物とは甲斐の猛将武田《たけだ》信玄《しんげん》である。彼は三方ヶ原に関する戦の出陣の際、二万五千人の兵を率いてこの峠を越えたといわれている。もっとも、この説には最近、異論が出されている。

武田信玄が越えた「兵越峠」と「青崩峠」はすぐ近くにある。

武田軍が越えたことで名付けられた峠とは

しかし、二万五千人もの兵がこの峠を越えたというのには少々疑問が残る。実に険しい道であるため、人の足で渡るのがやっとだったからである。さらには、荷物を運ぶ「小駄荷隊」は馬が引いていた。人間でもギリギリなのだから、馬が通れる道でもないだろう。そうなると、彼らはどこを通ったのか。その答えはすぐそばにあった。「青崩峠」の近くには、「兵越峠《ひょうごしとうげ》」というものが存在する。近年の地図では「ヒョー越峠」と記載されることもある。青崩峠の北東に位置するが、青崩峠ほどの急勾配ではない。

「兵越峠」で行なわれる恒例行事、「峠の国取り綱引き合戦」。

もちろん興味を惹かれるのは「青崩峠」同様、この名前の起源だ。青崩峠と分かれて武田軍が峠越えを行なったのを考えると、「兵越峠」は読んで字の如くである。武田軍の「兵士」が「越えた」「峠」なのだ。

兵越峠は、静岡県と長野県の県境に位置するためか、毎年、おもしろい大会も開かれている。「峠の国取り綱引き合戦」だ。長野県飯田市と静岡県浜松市は、「信州軍」と「遠州軍」に分かれ、十月の下旬に綱引きを行なうのだ。これは「国境」をかけて戦う対決で、両軍で選ばれた精鋭たちが火花を散らしてぶつかり合う。三本勝負で試合をし、勝者は一メートル分国境を広げることができるという、斬新な行事である。

日本一大きいダルマ 群馬ではなく静岡に実在

静岡県で有名なものといえば、「お茶」や「うなぎ」だろう。どちらも国内消費量が日本一を誇る静岡県の代名詞といっても過言ではない商品である。静岡県出身者の話によると、各家庭には「マイお茶」「マイうなぎ」が定められており、毎回同じものをストックしておく習慣があるらしい。しかし、誰もが認める静岡産の全国ナンバーワンがあれば、知られざるナンバーワンも存在するのだ。

日本では縁起物として名高い「ダルマ」。禅宗の始祖である達磨大師《だるまだいし》から名付けられたとされるこの玩具は、倒してもすぐにもとの体勢に戻るようにできている起き上がり小法《こぼ》師《し》である。願い事が叶った際には目を入れるならわしもある。

この「ダルマ」だが、サイズは小さいものから大きいものまで実に幅が広い。一般的に大きいものといっても、せいぜい手に持てる程度だと予想されるだろう。ところが、静岡県にある巨大ダルマは想像のはるか上をいく大きさで知られている。ゆえに、訪れる観光客を驚かせているのだ。

達磨寺の境内。大きな達磨がお出迎えしてくれる。

「達磨寺」に実在する巨大ダルマ

前述のような一般的なダルマはどこから生まれてくるのだろうか。群馬県では、ダルマの生産量がきわめて多い。年間九十万個ものダルマが生まれているのだ。そのシェアは、実に国内で生産されるダルマの八十パーセントにのぼるほど。高崎市には「七草大祭だるま市」という行事まで存在し、「群馬県といえばだるま」のイメージを強くしている。

しかし、生産量では群馬県が日本の頂点に君臨しているものの、その大きさに関しては群馬県は残念ながら首位ではないのだ。

それでは、日本一大きいダルマとはいっ

鎮座するのは達磨大師。見慣れている達磨とは似ても似つかない。

たいどこにあるのか。その答えは、静岡県にある。京都府の本山、法輪寺《ほうりんじ》の分院である「達磨寺《だるまでら》」を訪れれば、日本一大きいダルマを拝むことができるのだ。

この「達磨寺」は、伊豆市にあり、正式名称を「富士見山達磨寺」という。本堂に入ると、巨大なダルマに驚くことだろう。中央に鎮座するのは日本一の達磨大師座像。その名を「不死身達磨大師」という。その大きさには衝撃を受けるだろう。

大きさは普通のダルマの比ではない。座高は約五メートル、総重量は三トンにも及ぶその姿は、非常に迫力があり、実に荘厳である。

世界一の称号取得
静岡が世界に誇る建造物

「鈴木さんの人数」、「みかん消費量」、「緑茶消費量」、「マグロ消費量」などなど……。これらはすべて、静岡県が全国で一位を誇る項目である。静岡県は日本で一番となる記録を多数持っている。「日本一の山」とされる富士山も大きな財産だろう。しかし、静岡県の自慢はそれだけではない。日本国内のみならず、なんと世界一のものも有しているのだ。

静岡県島田市にある世界一長い橋とは

静岡県島田市。静岡県の中央より少し東側にあるこの土地は、二大都市「静岡市」と「浜松市」の間に位置している。

この島田市に、世界一の代物があるという。市の中心部、大井川にかかる橋。「蓬莱橋《ほうらいばし》」と名付けられたこの橋は、木造歩道橋としては世界一の長さを誇る。全長は約八百九十七・四メートル。橋の幅は二・四メートルだ。この橋は日本でも珍しい形式を取っている。木造歩道橋として世界一に輝く「蓬莱橋」は、賃取橋と呼ばれ、通行にお金がかかる橋なのである。

基本的に大人は百円、子供は十円払えば橋を渡ることができる。平成九年十二月三十日にはギネスブックに認定されたこともあいまって、連日、海外からも数多くの観光客が訪れている。また、テレビや映画など、さまざまなメディアにも紹介されており、人気のスポットであることがうかがえる。

この橋は、さまざまな名称で呼ばれたりもする。その全長の長さから命名された「厄なし（8974）の橋」や、「長生き（長い木）の橋」などである。無病息災を願った縁起のいい言葉とかけており、また、世界一の称号も持ち合わせているとあれば、まさに万全。大きなご利益がありそうである。

この橋の雄大さは圧巻である。晴れた日には、橋の中程まで来ると、綺麗な富士山が一望できるという。蓬莱橋の迫力のある大きなスケールは見物だ。しかし、それだけではない。景色を楽しむ上でも重要な役割を担っている。この橋は、人々に大きな感動を与えているのである。

さて、ここまで「蓬莱橋」について述べてきたが、実は静岡県の世界一はこの橋だけではない。

伊豆にある世界最大の花時計。夜にはライトアップされる。

伊豆が誇る世界一の花時計

静岡県東部、伊豆市にある松原海浜公園。ここには、ギネスブックに認められた「世界最大の花時計」がある。直径は三十一メートル。大きくも可愛らしい立派な時計である。昼間、音楽が流れる空間を楽しんだ後、夜間にはライトアップも施される。情緒溢れる素敵な時間が楽しめるだろう。

なお、文字盤にはこの地域（土肥《とい》）の特産品である「白びわ」と波の絵がタイルで表されている。パンジーやマリーゴールドなど、季節に応じた花々が周りを彩り、その数はなんと、一万本にものぼる。

花時計のまわりに置かれているのは、あまり見かけないものである。ここには、中国古来の健康法で使われる石を並べた健康歩道が設けられているのだ。ぜひ裸足で歩いてみてほしい。健康的な効果が得られることだろう。

もうひとつの世界一は最大の金

前項で伊豆市土肥にある花時計を紹介したが、実はこの地には世界一のものがまだまだ存在している。

伊豆にある土肥金山。中に入ると坑内作業の様子が見られる

江戸時代、そして明治時代から昭和へと移る時代の中で、金の産出地として名を馳せたのが伊豆市にある土肥金山である。その生産量は、越後の佐渡金山に次ぐものだった。当時、実に多くの金を生み出してきたこの地は、産出量も並のものではなかった。金は四十トン、銀に関しては四百トンが発掘されたとされている。

世界最大の金塊。その重量はなんと250kg

現在、金山は閉ざされているものの、採掘されたものは現在でも大きな反響を呼んでいる。同市にある土肥金山資料館「黄金館」には、世界最大である二百五十キログラムの金塊が保管されている。この金塊はギネスブックに認定され、大きな話題を呼んでいる。ちなみに時価はなんと約十二億円にものぼるという。静岡が生んだ大きな財産であることは間違いないだろう。

　土肥金山では、世界最大の金塊が一般公開されており、訪れた人たちは自由に触ることができる。また、「砂金採り体験」も実施されている。大人は七百二十円、子どもは六百十円で、三十分以内であれば取り放題である。取った砂金はお土産にできるという嬉しいサービスもある。

第二章
静岡県の知られざる歴史

徳川家康の墓は日光ではなく静岡県にあった!?

静岡県は徳川家康《とくがわいえやす》と深い関係がある。家康の出身は現在の愛知県だが、亡くなったのも、埋葬されたのも静岡県なのである。

亡くなったのは、隠居先にしていた静岡県静岡市の駿府城だった。

将軍職を秀忠に譲った家康は、一六〇七年に静岡県に移り住んだ。この際に家康が全国の大名に命じて築城させたのが駿府《すんぷ》城である。静岡市の資料によれば、輪郭式で石垣を廻らせた三重の堀、本丸の北西には五層七階の勇壮な天守を配置させたという。さらに、当時の家康は江戸とともに二元政治を行なっていたため、この駿府の町は政治、経済の中心地として大いに繁栄したとされている。

残念ながら、この駿府城はのちの火災によってほとんどの建物が焼失。現在では、駿府城公園として一部が復元され、一般に公開されている。

そんな駿府城で七十五年の生涯を終えた家康だったが、亡くなる直前に「遺骸は久能山《くのうざん》に埋葬すること」を遺命として託したという。久能山は、静岡市の南部に位置する標高

徳川家康公の遺骸が埋葬された場所に立つ神廟(しんぴょう)。遺命に従って西向きに建てられている。

二百十六メートルの山で、南は駿河湾を望むことができる有度《うど》丘陵の一峰。かつては久能寺が建立され、多くの名僧が往来して隆盛をきわめた。その後、孤立峰と称されるほどの地形の険しさに着目した武田信玄が久能山城を築き、武田信玄の滅亡後は徳川家康が城を引き継いでいた。

家康の遺命を受けた秀忠は、すぐに久能山に家康公を祀る神社を造営することを発令した。当時の最高技術を結集して完成したのが、久能山東照宮だったのである。

そして、徳川家康は久能山東照宮に埋葬され、その一年後に栃木県の日光東照宮に移されて祀られることになった。つまり、徳川家康の墓は、もともとは日光ではなく静岡県にあったというわけだ。

家康が命名した「あべかわもち」

安倍川《あべかわ》といえば、静岡中部を流れる大河川だが、多くの人が安倍川と聞いて最初に思い浮かべるのは安倍川餅ではないだろうか。歴史のある一級河川よりも、その名称を使用した餅のほうが有名なのはなぜだろうか。

安倍川といえば、江戸時代の参勤交代の頃には川を越えるために人力に頼らなければならず、なおかつしばしば氾濫するため、東海道の難所とされていた。現在では花火大会で有名な川でもある。

安倍川餅がその川を上回る知名度がある理由は、徳川家康が関係している。静岡県名物の安倍川餅とは、つきたての餅を小さくちぎって、きな粉をまぶした銘菓のことだ。実は、これを名づけたのが徳川家康だという説がある。

将軍職を秀忠に譲り、静岡県に隠居していたときのこと。家康が安倍川上流にある梅ヶ島や笹山などの金山を視察に訪れた際に、安倍川沿いにあった茶店が、家康に餅を献上した。金山を視察する家康のために、採掘されている砂金に見立てた「きな粉」を餅にまぶ

腹持ちのよい餅は、上質なおやつとして旅人を中心に人気を博した。

石部屋は、「安倍川餅」誕生当初から、変わらぬ味を守りつづけている。

し、「金ノ粉餅」として差し出したところ、その餅の味と、茶店の主人の機転を大いに気に入った家康が「安倍川餅」と名づけたといわれているのだ。

　その後、安倍川の西岸の弥勒には多くの茶店が建ち並び、参勤交代でこの地を通過する大名は、家康が自ら命名したといわれる安倍川餅を食べることが通例となったという。つまり、安倍川餅は家康が命名したことをきっかけに、広く知られるようになったと推測される。

　ちなみに、きな粉をまぶした餅としてはわらび餅が有名だが、こちらは平安時代から存在しており、醍醐《だいご》天皇が好まれたといわれている。

浜松の名称は縁起がいい!?名前を変えたら出世した

浜松市の中心部にある浜松城公園は、浜松のセントラルパークとして市民の間で親しまれている公園だ。このメインスポットである浜松城は約五十年前に復元されたもので、明治維新後、城郭が壊されて荒廃していた建物を、旧天守の上に新天守を再建したのが現在の浜松城なのである。

浜松に建っているから浜松城と思い込みがちだが、歴史をたどると当初は「曳馬城《ひくまじょう》」という名称で今川家の支城として建てられた城だった。それがいつの間に浜松城と名称が変わったのか。そこにも、やはり徳川家康が深くかかわっている。

応仁・文明の乱の後、この浜松地域を支配した徳川家康は、来るべき武田信玄との対決に備え、曳馬城を新領土の要所として考えた。そこで曳馬城を増改築するよう命じたのだが、その城郭は南北に約五百メートル、東西に約四百五十メートルという規模に及んだ。

その際に、曳馬城の改称にも着手。曳馬とは「馬を引く」、つまり敗北を意味する。天下統一に向けて拠点とするには縁起が悪いため、それまでの浜松荘という荘園名にちなみ、

現在は浜松城公園内にある浜松城。桜の名所としても有名。

浜松城に改称したのである。

家康は二十九歳から四十五歳までの十七年間を浜松城で過ごし、天下統一への礎を築くことになった。さらに、江戸時代には徳川譜代の大名が城主となり、在城中に幕府の要職に就いた者も多かったため、浜松城はのちに「出世城」と称されるようになった。

浜松八幡宮の境内には「はま松は　出世城なり　初松魚」という松島十湖《まつしまじっこ》の句碑が建立されている。この句碑が浜松城ではなく、浜松八幡宮に建立された理由は、家康が生涯最大の敗北を喫した三方ヶ原の合戦の際に、浜松八幡宮の洞穴に潜み、八幡宮のご加護によって難を逃れたという縁があるからだといわれている。

日本造船史上画期の洋式帆船 ヘダ号の誕生秘話

沼津《ぬまづ》市南部の海岸線に、戸田という地名がある。埼玉県の戸田市は「とだ」と読むがこちらは、戸田と書いて「へだ」と読む。二〇〇五年に沼津市と合併するまでは戸田村という地名だった。町の大通りから少し入った場所に部田《へだ》神社という歴史ある神社があることからも、古くは「部田」の漢字が使われていたといわれている。

一八五四年、この戸田村を舞台に、日露の外交史上において友好の象徴となる出来事があった。

和親・通商条約締結と日露の国境画定を目的に、ロシアの使節プチャーチンを乗せた軍艦ディアナ号が下田に到着する。ところが、交渉の最中に安政《あんせい》東海大地震が発生し、大津波によってディアナ号が大破。下田の港町も全壊する被害を受けた。プチャーチンは急きょ天然良港である戸田村にディアナ号を移動させ、修理する計画を立てた。だが、その移動中にも悪天候に見舞われ、満身創痍だったディアナ号はついに沈没してしまう。だが、そのときロシア人乗組員を救助したのが、地元住民たちだった。自らも大地震の被災者でありながら、異国人を懸命に救助する日本人の姿に、プチャーチンはいたく感激したと伝えられている。

二ヶ月後、幕府に代船の建造を依頼したプチャーチンの願いが受理され、戸田村で新たな船が造られることになった。ロシア人将校の指揮のもと、日本人の船大工や頭領らが一丸となってわずか三ヶ月で完成させる。短期間で彼らの手によって誕生した船は、日本造船史上初となる洋式帆船だった。

プチャーチンは戸田村への感謝の意を込めて、この船を「戸田（へだ）号」と命名した。また、戸田号の造船にかかわった日本人船大工たちによって、その後も同型の西洋式帆船が建造されていくことになった。そして彼らは最先端の技術者として造船業界で活躍することとなったのである。

この戸田号の造船は、日露の外交史上において初の共同事業で、両国の友好の象徴とされた。

プチャーチンを乗せて帰国した戸田号は、のちに日本に返還される。その際、戸田号には多くの大砲が載せられていたという。ロシア政府から日本への御礼だった。

なぜ静岡県の各地にわさび栽培が広がったのか

わさびとお茶の里といわれる静岡市葵区有東木《うとうぎ》には、「わさび栽培発祥の地」という記念碑が建立されている。静岡県はお茶だけでなく、わさびの出荷額が国内総生産量の七十五パーセントを占めるわさびどころでもある。

いったいどのようにわさびの栽培が始まったのか。その経緯が記念碑に記されている。わさび栽培が始まったのは遡ること四百年前。有東木沢の源流である「山葵山《わさびやま》」に自生していたわさびを村人が採集し、湧水地に栽培したところ成長繁殖した。そこで村人たちがこぞって栽培を試みることになったのが、わさび栽培の始まりになったという。

しかも、ここで栽培されたわさびは大変、美味だった。駿府城に入城した徳川家康にこのわさびを献上したところ、「天下の逸品」と賞賛され、のちに有東木から門外不出の御法度品と定められたほどだった。徳川家の家紋が葵の紋だったことから、ことさら珍重したといわれている。

ところが、門外不出のはずのわさび栽培は、後に静岡県内全土に広がっていくことにな

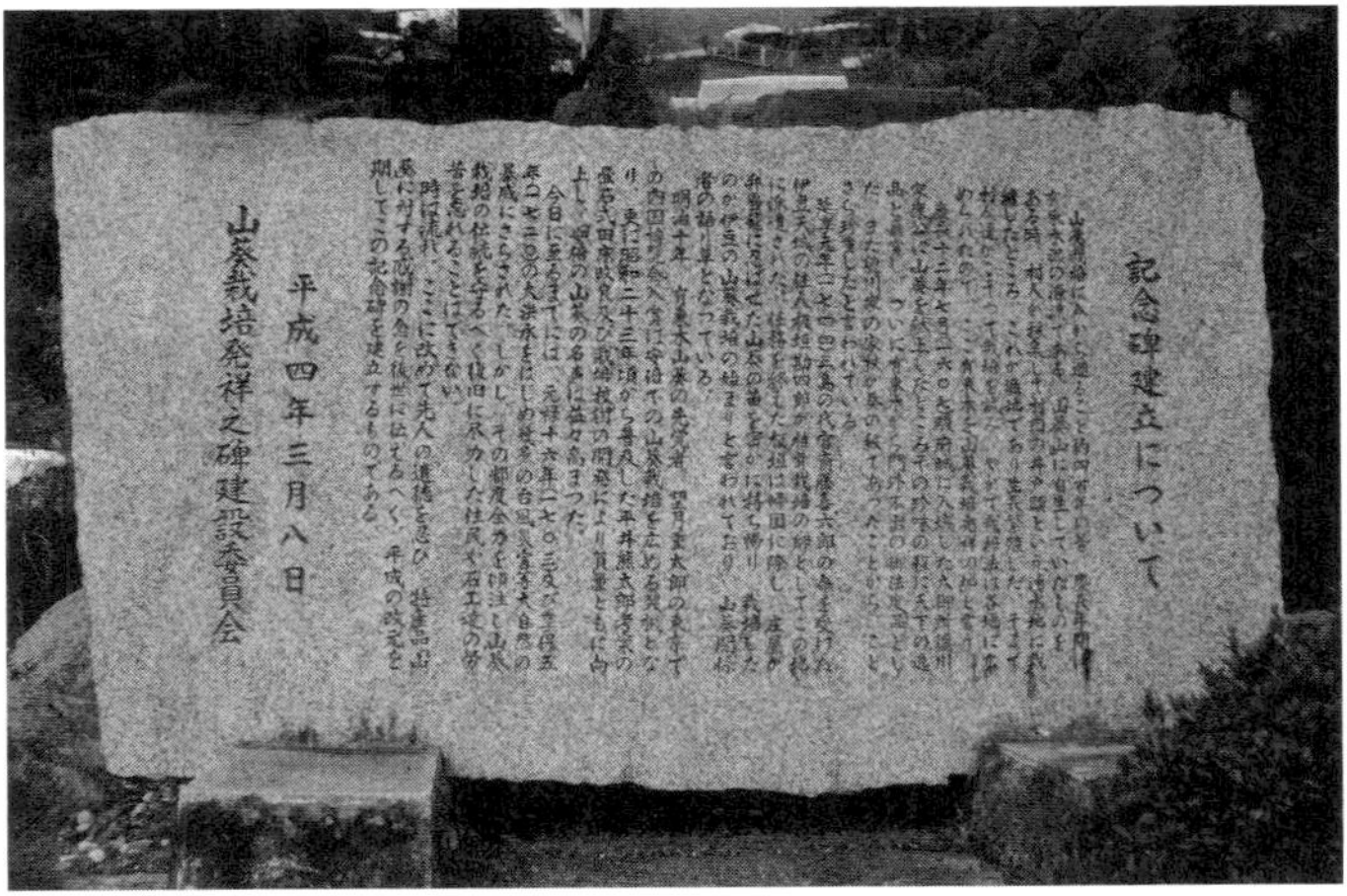

静岡市葵区有東木にある山葵栽培発祥の地の記念碑。

るのである。

しいたけ栽培の技術指導で伊豆から派遣されていた板垣《いたがき》勘《かん》四郎《しろう》は、帰郷する際にわさびの苗を弁当箱に忍ばせて持ち帰った。それを地元で栽培したことが、伊豆のわさび栽培の始まりだったと語られているという。

静岡県は富士山、天城山、南アルプスと、全国屈指の豊かな自然に囲まれている。これらの風光明媚な山々の豊かな恵みである豊富な水を生かし、伊豆半島や南アルプスに水源を持つ安倍川、大井川などの県中部地域、富士山の湧き水に恵まれた御殿場市や小山町《おやまちょう》にわさび栽培が根づいていったのである。

清水次郎長って良い人？それとも悪い人？

静岡県静岡市清水区の清水港の町には「次郎長通り商店街」がある。この名称が地元出身の清水次郎長《しみずのじろちょう》に由来していることはいうまでもないだろう。

現在の清水区に生まれ、清水区に生きた清水次郎長。『東海遊侠伝《とうかいゆうきょうでん》』の英雄として、のちに多くの映画やドラマが制作された清水次郎長の実像とは、いったいどのようなものなのか。

今でこそ清水次郎長といえば「海道一の大親分」として知られる、東海地方の博徒のリーダーとなった侠客だが、それが英雄として数々の作品で扱われるようになったのは『東海遊侠伝』という本が出版された明治《めいじ》十七年以降のことである。

この本が出版されたきっかけは、すでに渡世人から足を洗っていた次郎長が博徒狩りで収監されたことだった。服役している次郎長の釈放運動の一環として、養子の天田愚庵《あまだぐあん》が発表したのが、『東海遊侠伝』だったのである。そのため、本にはいかに次郎長が東海道の人々に愛されてきた親分だったか、というエピソードがふんだんに盛り込まれており、これだけ素晴らしい人物なのだから釈放していただきたいという嘆願書の意味合いが強かった。ここに描かれたヒーローとしての次郎長像をもとに、多くの作品が創作され、現在のイメージが出来上がったのだった。

そのため、実際の人物像から多少脚色されている面はあるだろう。だが、若い頃から喧嘩と博打に明け暮れたという話も伝えられている一方で、英雄らしい人柄を表したエピソードも多い。

明治元年には、旧幕府軍の脱走兵が清水港に停泊中、白旗を挙げたにもかかわらず官軍に襲撃され、死体が海に捨てられる事件があった。その事件によって、二十数名の死体が港に漂っていたものの、旧幕府軍は反逆者とされていた。そのため、彼らを埋葬して官軍に咎められることを恐れた人々は見て見ぬ振りをするしかなかった。その様子を見た次郎長は「官軍も賊軍も関係ない。死ねばみな仏様だ」と啖呵を切って、手厚く葬ったといわれている（『静岡県の歴史散歩』）。大親分として実に魅力的な人物だったことがわかるだろう。

このエピソードにも別の説が存在しており、付近の漁民に「死体が浮かんでいて仕事にならないのでなんとかしてほしい」と依頼されたことがきっかけだったという話もある。いずれにせよ、東海一の大親分らしい人物だったことは間違いないだろう。

富士山麓にも次郎長町⁉

静岡県富士市には、「次郎長町《じろちょうちょう》」という愛称で呼ばれている地名が存在している。もちろん、この名称の由来も清水次郎長である。静岡市清水区ではなく、富士市にもその軌跡が残されているのである。

渡世人から足を洗った次郎長は、明治維新後に富士山麓の開墾を手がけている。作業者は投獄された模範囚たちで、大親分だった次郎長には誰も逆らわずに懸命に働いたという。開墾された土地は七十六ヘクタール。実に東京ディズニーランドの一・五倍の規模だったといわれている。

この土地は、のちに製茶や養蚕などが行なわれる重要な場所となり、中心人物だった次郎長の名前が地名の通称として残されたのだった。ただ、富士市の資料によると、実際に指揮をとったのは次郎長の養子となった天田五郎《あまだごろう》という人物だったとされている。養子にそこまで慕われるほど、大親分らしい次郎長の人柄を表しているといえるだろう。ちなみに、次郎長町とされる地域は富士市大淵《ふじおおぶち》で、実際の地名としては「次郎長町」は存在していない。

その後、開墾の仕事をきっかけに、次郎長は清水港の改修工事や静岡茶を運ぶ蒸気船会

静岡市清水区にある清水次郎長の銅像。

社の設立などにも手を広げ、実業家としての道を進むことになった。
　次郎長は七十四歳で亡くなったが、二代広沢虎造《ひろさわとらぞう》の浪曲によって次郎長の存在は今もなお語り継がれている。『次郎長三国志』では、船のなかで出会った男に「海道一の親分は清水次郎長」といわれた次郎長の子分・森の石松が、上機嫌になって『まぁ飲みねぇ、寿司食いねぇ、江戸っ子だってねぇ』という名シーンもある。また、「馬鹿は死ぬまで治らない」や「旅行けば～」というフレーズも、次郎長伝によって広まったものである。静岡市の梅蔭禅寺《ばいいんぜんじ》には清水次郎長の銅像や数々の展示品が置かれた資料館もある。

今川氏の大きな資金源 安倍金山の現在

静岡県北部の安倍川上流には、南アルプスの山懐に入った静かな山村があり、春から夏にかけて多くの観光客が訪れる観光地になっている。温泉や吊り橋、日本の滝百選に選定された安倍の大滝など、見どころも満載だ。キャンプ場が整備されており、釣りやバーベキューも楽しむことができる。

現在では静かな観光地となっているが、ここは江戸時代までは金の採掘が行なわれていた土地だった。

今川氏が所有していた五つの金山

安倍《あべ》金山《きんざん》とは、井川《いかわ》、梅ヶ島《うめがしま》、大河内《おおこうち》、玉川《たまがわ》の各金山の総称で、当時、付近を支配していた今川氏は、この安倍金山で大規模な採掘を行なっていた。各地で戦を展開している今川氏にとって、ここで採れる金は貴重な軍資金になっていたという。当初は川から砂金を採取していたようだが、のちに坑道を掘って金鉱石を採取する本格的な採掘法となってい

梅ヶ島に残る金山跡。かつてはここで採れる金が武田信玄や徳川家康の軍資金となっていた。

った。

だが、甲斐を拠点にしていた武田信玄もこの安倍金山に目をつけており、今川氏の滅亡後に受け継ぐ。さらに、武田氏の滅亡後は徳川家康が支配することになり、最盛期を迎えていた安倍金山は幕府の貴重な財源になったのである。

この安倍金山ではかなり広範囲に砂金の採集が行なわれたことから、静岡市葵区油《ゆ》島《じま》字金場、島田市金谷《かなや》金山《きんざん》町など「金場」「金山」「金」といった地名が点在することになった。

その後、金の産出量は減り続け、十八世紀末期になるとほとんど産出されなくなってしまった。現在では、梅ヶ島温泉郷から二キロほど行った場所に金山跡地の入口がある。周辺には奉行屋敷や遊女屋敷跡などがあり、繁栄していた当時の暮らしが感じられる。

また、金山といえば、安倍金山と並んで有名だったのが伊豆で、江戸幕府によって金山や銀山が数多く開発されている。江戸幕府が編纂した史書『徳川実紀《とくがわじっき》』には、「慶長《けいちょう》十一年京中に高札を立てれば、諸国の金掘どもが伊豆の金鉱を掘ろうと雲霞のごとく集まった」と記されており、相当な量が採掘されたといわれている。

しかし、伊豆の金山は鉱脈が短いため長続きせず、常に新たな開発を余儀なくされた。そして時代の流れとともに、金を採掘する鉱山は姿を消した。

工場建設中に二千年前の村が出現

静岡市駿河区にある登呂《とろ》遺跡は、歴史の教科書にも掲載されている有名な遺跡である。弥生時代後期（二世紀の初め頃）ということで約二千年前の遺跡にあたり、杭や矢板をならべて区画した八万平方メートルを超える水田跡、井戸の跡、竪穴式住居や高床倉庫跡などが発掘され、復元されたものが一般公開されている。この遺跡には、住居の広さから考えて村全体で五十人から六十人ほどが住んでいたと推測されている。

それほど大きな遺跡はどのように発見されたのだろうか。

最初に見つかったのは、第二次世界大戦中の昭和十八年だった。静岡市の資料によると、現地の水田地域に軍需工場を建設している際に、採土から多くの木製品が出土し、水田跡と考えられる杭列も発見されたのという。当時、工事を請け負っていた鹿島組の小長井鋼《こながいつな》太郎《たろう》氏は、その採集遺物を中田国民学校に持ち込んで保管してもらうことにした。すると、それを見た考古学者の安本博《やすもとひろし》氏が、この遺跡が弥生農耕集落の遺跡であり、奈良県唐古《からこ》遺跡に匹敵する大発見であると確信する。新聞社にもいち早く知らせたところ、毎日新聞で登呂遺跡発見が報じられることになったのである。ただし、当時は戦時中だったことで、本格的な調査は発見から四年後の昭和二十二年まで待つことになった。

つまり、工場の建設作業中に、二千年前の大きな村が突如として出現するという世紀の大発見だったのだが、戦時中だった状況ではそれ以上の調査はできなかった。そして終戦後、本格的な調査が始まると、次々に新たな発見があった。この目覚ましい成果が報道されると、政府はこの発掘を国家的事業にすることを決定し、翌年に日本考古学協会が発足。登呂遺跡の発見は、日本考古学協会が誕生するきっかけになったわけだ。

登呂遺跡の「登呂」とは

毎日新聞が報じた遺跡発見の第一報の時点で「登呂遺跡」という名称で報じられているが、この「登呂」の由来はどこにあるのか。

この登呂とは、泥に通じ、湿地を意味する地名だったという説がある。弥生時代の稲作の文化を考えると、土地の多くが水田として利用されてきたことにも納得できる。

遺跡が発見された登呂とはどんな土地なのかといえば、現在は住宅街となっており、この登呂遺跡がある登呂公園は、住宅街の中心部に位置しているのである。まさに住宅の一角に突然、二千年前の町並みが出現するため、タイムスリップした感覚になるだろう。

登呂遺跡では竪穴式住居が再現されている。

ところで、当時居住していたとされる約五十名の村民たちはどこへ消えたのか。

水田耕作や灌漑《かんがい》は、村全体の組織だった行動が必要で、指導者や支配者が存在していたとされている。また、出土した勾玉などの装飾品や祭祀品も、首長の存在を示唆しているといえる。指導者にあたる首長が村民を取りまとめていたのだろう。

さて、その村民たちは、わずか数十年でこの地を離れたといわれている。弥生時代後期の中頃から後半にかけて海面が上昇し、駿河湾一帯の低地の集落は洪水などの被害を受けた。登呂もそのときに埋没したという。住めなくなった土地を手放し、新たな土地を求めて旅立っていったと推測される。

織田信長の首が富士山麓に埋められた!?

織田信長《おだのぶなが》は本能寺の変で自害したといわれているが、その遺体は最後まで見つかっていない。討ち取った証明として信長の首を世間にさらすため、明智光秀《あけちみつひで》がどれだけ探しても信長の首はみつからなかったという。

ところが、静岡県富士宮市には、織田信長の首が納められているという寺が存在する。それが西山本門寺《にしやまほんもんじ》である。

日蓮宗富士五山の由緒ある古い寺である西山本門寺は、門をくぐってから本堂まで実に一キロにわたって参道が続くほど広大な敷地を誇り、本堂の裏手には立派な柊《ひいらぎ》がそびえ立つ。樹齢五百年と推定されるこの柊の横にある小さな塚こそ、織田信長の首が納められた首塚だといわれている。

いったいなぜ京都にある本能寺で亡くなった信長の首が、静岡県に納められたのだろうか。富士宮市の資料によれば、本能寺の変で信長に殉じてともに自決した武将の弟である原志摩守宗安《はらしまのかみむねやす》という人物が、父と兄、そして信長の首を炎上する本能寺から持ち出したと

西山本門寺にある織田信長の首塚。植えられた柊は樹齢500年以上。

されている。

この原志摩守宗安に静岡まで運ぶよう指示したのが、前夜、信長に囲碁の対局を見せていた本因坊算砂《ほんいんぼうさんさ》という人物で、原志摩守宗安とは旧知の間柄だった。

本因坊算砂の指示通り、山道伝いに駿河（現在の静岡県）にたどりついた原志摩守宗安は、西山本門寺の本堂裏手に信長の首を埋めて供養し、首塚《くびづか》を築いて柊を植えたと言い伝えられている。現在は毎年十一月に『信長公黄葉まつり』が信長の首塚前で盛大に行なわれており、信長を供養しているのである。

ちなみに、柊には魔除けや祟《たた》り除《よ》けの意味合いがあるため、信長の祟りを恐れて柊を植えたとの説もあるが、真相は不明だ。

江戸城の石垣には伊豆の石が使われている

伊豆半島の海岸線を通ると、側面が削り取られた山が多いことに気がつくだろう。伊豆は石の質が高く、古くから石切が重要な産業として栄えていた名残りである。

石を切り出す場所のことを石丁場《いしちょうば》といい、伊東、稲取、下田などの伊豆半島東海岸から南伊豆、松崎、西伊豆に至るまでほとんどの海岸線に石丁場跡が見られる。海岸線に石丁場跡ができたのは、石を切り出して海に落とし、そのまま船に乗せて運ぶことができたからである。

この伊豆石は、神社の階段や石碑など身近なところにも使用されているが、実は江戸城の石垣にも使われている。

西伊豆にある松崎町《まつざきちょう》には、室岩洞《むろいわどう》と呼ばれる洞窟がある。ここは江戸城の石垣の石切り場跡で、石を運び出した跡や手掘りのノミの跡などが、当時のまま残されている。室町時代から凝灰岩を切り出していたといわれており、洞窟の広さはなんと二千平方メートルにおよび、洞窟内の遊歩道だけで百八十メートルもある。江戸城の石垣を造るために、それ

石切場として当時のまま残されている室岩洞。

※伊豆半島の主な石切場

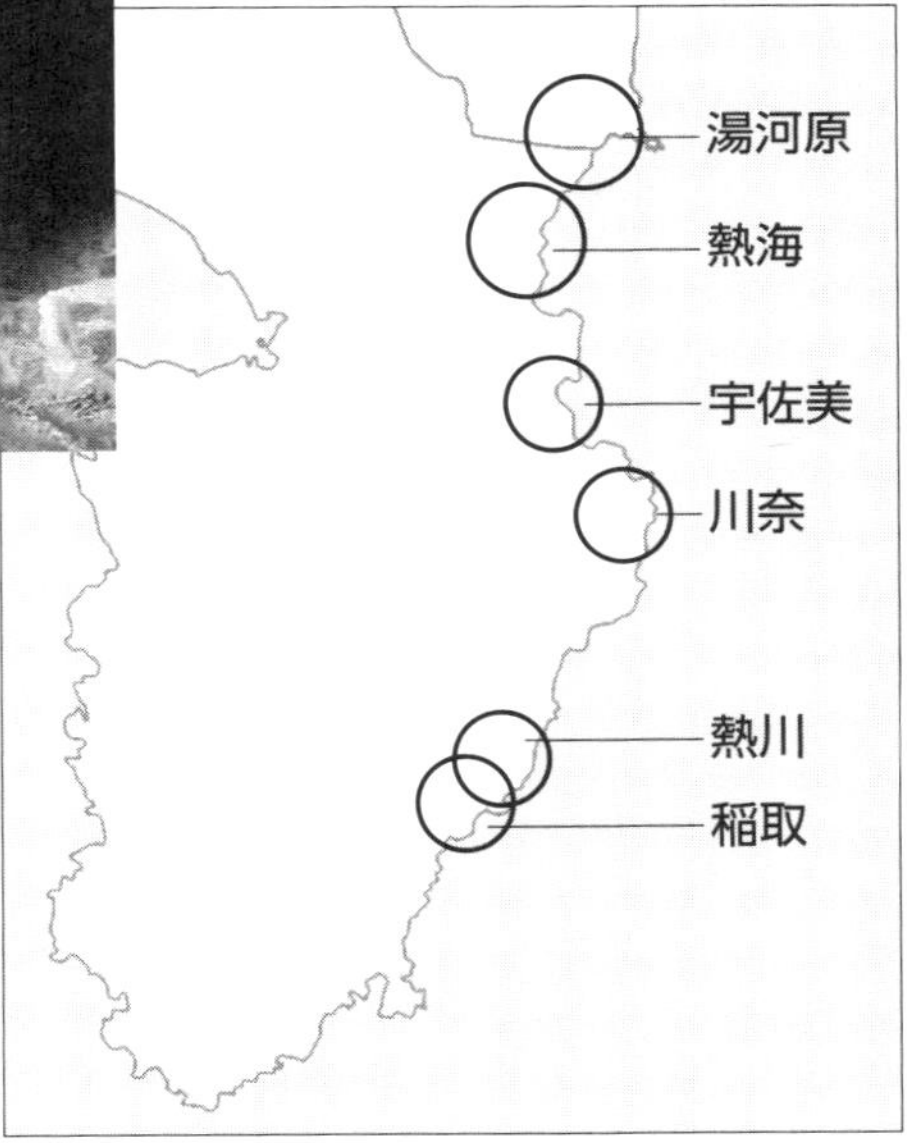

だけの石を切り出したというわけだ。

　ちなみに、石を切り出す方法には「平《ひら》場《ば》掘《ぼ》り」と「垣《かき》根《ね》掘《ぼ》り」の二種類あり、平場掘りは下に掘り下げていく方法で、垣根掘りは横に掘って行く方法だ。室岩洞では垣根掘りが採用されたため、こうして洞窟の形状で残ったのである。ただし、垣根掘りは効率が悪く、工賃はなんと平場掘りの三倍もかかったといわれている。

かぐや姫が帰ったのは月ではなく富士山だった!?

かぐや姫はひらがなで書かれた最古の物語だといわれているが、このかぐや姫の舞台となったのが富士市だという説がある。

富士市には、「赫夜姫《かぐやひめ》」や竹取のおじいさんが籠をつくった「籠畑《かごはた》」などの地名が残されており、また、物語に登場する翁《おきな》夫婦がかぐや姫を迎えた「竹採塚《たけとりづか》」、かぐや姫が翁夫婦との別れを惜しんで何度も見返した「見返《みかえ》し坂」という場所も存在している。さらに、別れ際に流した涙が憂涙川《うるいがわ》（現在の潤井川《うるいがわ》）になったとされている。そうした背景から、富士市はかぐや姫ゆかりの地となっている。

そもそも、かぐや姫のストーリーとしては、光り輝く竹を割ってみると、赤ちゃんがいた。その夫婦が大事に育てると美しく成長し、かぐや姫と呼ばれた。その美しさは国中に広がり、五人の貴族から求婚される。だが、無理難題を条件に出して失敗させ、お迎えとともに月に帰っていったという話だ。

ところが、富士市に伝えられているストーリーは後半が異なる。美しさを聞いて訪れた一人の帝《みかど》と打ち解け、幸せな日々を送っていたが、ある日、かぐや姫は自分が日本で一番高い山の仙女であることを告げる。そして、不老不死の薬が入った箱を残して富士山に帰っていった。しかし、帝はかぐや姫の後を追って富士山に入り、不老不死の薬を飲んでふたり末永く暮らした。その山は「不死山」と呼ばれるようになり、のちに「富士山」になった、という話である。かぐや姫が月ではなく、富士山に帰って行くため、富士市が舞台だといわれているわけだ。

また、『静岡県の歴史散歩』によると、『古今和歌集序聞書《こきんわかしゅうじょききがき》』には「欽明《きんめい》天皇の世、駿河国の浅間《せんげん》の郡に竹取翁《たけとりのおきな》という老人あり」と具体的な地名まで書かれているという。この「駿河国の浅間の郡」とは現在の富士市比奈《ひな》だとされている。

かぐや姫の町、富士市。静岡県ではそう知られているが、実は富士市以外にも京都府向日市《むこう》や奈良県広陵町《こうりょうちょう》、鹿児島県宮之城《みやのじょう》など、かぐや姫ゆかりの地として活動している土地はいくつも存在する。ただし、そうした土地が敵対関係にあるかといえばそうではなく、かぐや姫ゆかりの地であることをひとつの縁として、各地域が集結して「かぐや姫サミット」を開いてお互いに交流していることはあまり知られていない。こうした活動によって「かぐや姫」というエピソードが過去から現在、そして未来に語り継がれているのである。

出世できること間違いなし!?
山本勘助の出世坂

富士宮市は山本勘助《やまもとかんすけ》ゆかりの地とされており、勘助が生まれ育った吉野家や勘助誕生地の碑など、数々の観光名所が点在している。中でも勘助坂は別名「勘助の出世坂」とも呼ばれている名所である。

なぜ出世坂と呼ばれているのか。それは山本勘助の生涯と関係している。

富士宮市に生まれた山本勘助は、軍師になるべく若くして諸国を放浪した。各地の戦国武将の戦略や戦術、国の情勢、築城技術などに目を凝らして情報を集め、軍師としての知識を蓄えていったのである。

だが、今でこそ竹中半兵衛《たけなかはんべえ》、黒田官兵衛《くろだかんべえ》と並ぶ歴代の三大軍師として挙げられ、NHKの大河ドラマ『風林火山』の主役として扱われるなど広く認められる存在となっているが、独眼で片足が不自由という外見上の理由から、当初は大名に仕えようとして断られた経験もあった。

ところが、その勘助の軍師としての資質を見ぬいたのが武田信玄の重臣・板垣信方《いたがきのぶかた》だっ

山本勘助が子どもの頃に遊んでいたと言われる勘助坂。

た。板垣の推薦によって武田信玄に仕えることになった勘助は、そこから各地の戦いに参戦して名を馳せることになる。中でも戸石城《といしじょう》の戦いは、圧倒的不利な状況に追い込まれる中で奇策を進言。自らおとりになって相手の矛先を変えさせ、その間に体制を整えた武田軍が劣勢を挽回して勝利したとされている。

こうした経緯から、山本勘助が子どもの頃に遊んでいた坂が「勘助の出世坂」と呼ばれることになったのである。かつての山本家の屋敷は断崖の麓にあり、屋敷から外に出て行くには切り立った崖を登っていかなければならなかった。勘助が世に出て行った坂という意味で、そう呼ばれているのだ。勘助が遊んでいた頃は非常に急で狭い道だったが、現在では自動車が通れる道路に整備されている。さらに、この勘助坂からは真正面に富士山を望むことができる。美しい富士山を眺めるにも最高のスポットである。

山本勘助が生まれ育ったといわれる吉野家の脇には川が流れており、夏には多くのホタルが飛び交う夏の風物詩となっている。地元では、このホタルの光が勘助の魂ではないかと囁かれているそうだ。

ちなみに、山本勘助を略すと「山勘」になる。勘に頼って何かを狙うことを「ヤマカン」という。試験などの際に「ヤマカン」の手法をとる者もいるだろう。実はその語源は山本勘助から来ているという根強い説もある。軍事の天才と称された山本勘助のルーツは、富士宮市に存在しているのである。

楽器メーカー「ヤマハ」浜松がピアノ王国になった理由

日本のピアノはすべて静岡県で生産されており、浜松市は全国シェア百パーセントである。浜松市は楽器の町として有名で、ヤマハと河合《かわい》楽器が双璧として存在している。かつてはシェア百パーセントを誇った時代が続いたほど浜松市でピアノの生産が盛んになったのはなぜだろうか。『静岡県の歴史散歩』によると、小学校で唱歌が必須科目となった明治十九年、浜松市尋常小学校が当時としては非常に高額なオルガンを海外から購入したことがきっかけだったとされている。

オルガンは当時としては高額な値段で、そうした物珍しさが話題になり、連日多くの人々が訪れたという。だが、オルガンはわずか三ヶ月で故障する。その修理を担当したのが、のちにヤマハを創業する山葉《やまは》寅楠《とらくす》だった。

もともと山葉は武士だったが、手先の器用さを生かして医療器具の修理職人をしていた。そんな山葉のもとにオルガンの修理の依頼が舞い込んだのである。

初めて目にするオルガンを、山葉はいとも簡単に修理してしまう。これなら自分でも作

楽器の街・浜松には日本で唯一の公立楽器博物館がある。

ることができる。そう考えた山葉は、わずか二年後の一八八九年に山葉風琴《やまはふうきん》製造所というヤマハの前身にあたるオルガンの製作会社を設立。飾り職人の河合喜三郎《きさぶろう》を誘い、約二ヶ月で日本初の国産オルガンを製作したのだった。そして一八九〇年にピアノの生産を開始したのである。ちなみに、その後はオートバイの製造も始めた。しかしこちらは翌年にヤマハ発動機として分離している。

河合楽器は、ヤマハの社員だった河合小市《こいち》によって河合楽器研究所として創立された。こちらは学校や施設などでしか購入されていなかったピアノを、割賦販売することで一般家庭に広め、ピアノブームのきっかけを作った。

こうして浜松市には、ヤマハ、河合楽器というピアノ製造の二大カンパニーが誕生することになったのだが、それだけでは終わらない。二〇〇五年には電子ピアノやシンセサイザーで知られるローランド（Roland）が浜松市に本社を移転し、関連会社のギターやエフェクターで有名なBOSSも本社を移した。これもヤマハと河合楽器の存在感によるものだろう。このように浜松市は日本を代表する楽器の町になっていったのだった。

ものづくりという面で見ると、本田宗一郎《ほんだそういちろう》も現在の浜松市出身で、浜松市に本田技研の前身である本田技術研究所を設立。軽自動車で知られるスズキの創業者・鈴木道雄《みちお》も浜松市に生まれ、浜松市で鈴木式織機製作所を創業と、機械工業が発達している東海地方のなかでも浜松市は際立った存在だといえるだろう。

そうした経緯によって、浜松市には日本唯一の公立の楽器博物館がある。実に三千三百点の楽器が収蔵されているこの博物館は、音楽のまちづくりの一環として一九九五年に設立された。

修「善」寺町なのにお寺は修「禅」寺の謎

宮城県の仙台市と鹿児島県の川内市《せんだい》、東京都の等々力《とどろき》と千葉県の轟など、読み方が同じ地名でも漢字や土地が異なっている場合は混乱することも少ないだろう。

だが、静岡県伊豆市にある「修善寺町《しゅぜんじちょう》」は、地名の由来となった町内の寺が「修禅寺」と書いて「しゅぜんじ」だ。同じ土地にありながら、漢字だけが異なっているのである。

この微妙な違いはなぜ生まれたのか。そもそも、この土地は、古くより存在していた修善寺という寺からとって修善寺町と命名された。修善寺はもともと真言宗だったが、後に禅宗に改宗する。その際に、「禅」の文字を取り入れ、「修禅寺」となったとされている。

修善寺町は温泉で有名だが、温泉の名称は修善寺温泉である。修善寺温泉旅館協同組合によると、この温泉は弘法大師《こうぼうだいし》がルーツとされている。温泉街の中心にある桂川で病の父親の体を洗っていた親孝行な息子を見て、弘法大師が「川の水では冷たかろう」と手にしていた仏具の独鈷で川の岩を打ち、霊泉を沸出させたという。父親がこの温泉に浸かるとたちまち元気になり、病が治ったと伝えられている。

第四章 富士山から見る静岡県

富士山の頂上はいったい何県なのか？

富士山の標高は約三千七百七十六メートル。童謡「富士山」で歌われる通り、まさに日本一の山である。

この富士山、もちろん大部分は国有地とされ、日本国民すべてのものとされている。しかし、日本一の山は少々厄介なしくみになっている。八合目より上の地点は私有地なのだ。

徳川家康にも崇拝された富士山本宮浅間大社

富士山の頂上には、「奥宮」が鎮座している。この「奥宮」の持ち主は富士宮市にある「富士山本宮浅間大社《ふじさんほんぐうせんげんたいしゃ》」である。

この神社は、富士山の近くに社を構えている。全国各地に存在する「浅間神社《せんげんじんじゃ》」の総本宮とたたえられている、由緒正しい神社だ。「浅間神社」は現在、全国各地に置かれ、その数は千三百余社にものぼる。

浅間大社は名のある偉大な神社であるが、それは今も昔も変わらない。かの徳川家康《とくがわいえやす》は、

富士山頂にある「浅間大社」。噴火を鎮めるため、富士山そのものを祀っている。

関ヶ原の戦いの後、勝利のお礼として本殿や楼門《ろうもん》など実に三十棟にも及ぶ施設をつくりあげた。そして、家康は富士山の八合目以上の地を、境内地として認めたのだ。

富士山の一部が私有地であることは述べたが、そのほかの場所はどうなのだろうか。富士山といえば、静岡県と山梨県にまたがる山である。昔から両県の間では富士山の所有に関して争いごとが絶えなかった。しかし、富士山は世界遺産にも認定されるなど、日本の象徴でもある偉大な山である。いがみ合っても仕方がないと考えた両県の知事は、富士山がどちらの県のものかは決めないでいこうと、意見をまとめた。

現在、地図上において富士山の住所は存在しない。これは既述の理由からである。

全国に広がる浅間神社 もともとは富士山からきている!?

富士山は、日本一の高さを誇る山であるが、昔から噴火を繰り返してきた。この山の誕生はなんと十万年前にもさかのぼる。はるか昔に生まれたように感じられるこの山は、実は意外にも若い。というのも、日本に存在する他の火山の多くはもっと古い歴史を持っているからである。古いものでは百万年もの時を経て姿を残す山もあるのである。

そして、昔から「霊山《れいざん》」として認識されてきた富士山。高い山には神が宿ると言い伝えられてきた日本では、富士山に対しても同様の信仰が生まれた。富士山は、古代から日本人に敬われ、神聖な場所としてあがめられてきた聖地なのである。

しかし、富士山は単に崇高な場所として人々に畏《おそ》れられていたわけではない。実は、昔から非常に多くの噴火を繰り返していたのだ。現在の形の富士山で噴火活動が始まったのは約一万年前といわれている。日本一の山の噴火はすさまじく、禍《わざわ》いをもたらす恐ろしいものとして人々は脅威を抱いていたのである。その恐さが、さらに富士山信仰を強めていったと考えられる。

全国に多数広がる神社の総本宮、浅間神社のなりたち

前項で触れた通り、富士山の噴火は凄まじい。富士山が噴火を活発化させるまでの富士山信仰といえば、山自体を神聖なものとする考え方であった。奈良時代まではこの信仰の形がとられていた。しかし、富士山の噴火活動が繰り返されるようになると、人々は信仰のあり方を変えざるを得なくなった。

富士山本宮浅間大社に収められている『富士本宮浅間社記《ふじほんぐうせんげんしゃき》』。これには現在の富士山信仰へとつながる興味深い逸話が残されている。

紀元前二七年、富士山は前触れもなく爆発した。当然、近隣の住民は驚いた。慌てふためいた彼らは逃げ出し、噴火で周囲はひどいありさま。

この事態を回復せねばと、時の天皇、垂仁《すいにん》天皇は、この状況を憂い、打開のための行動に出た。大きな噴火は神の怒りのあらわれとして、神である「浅間大神《あさまのおおかみ》」を鎮めようとしたのだ。浅間大神をご神体とし、祀ったのである。これが、現在まで続く「富士山信仰」の始まりである。なお、「浅間大神」は女性、つまり、女神として祀られている。

誕生した浅間大社は、現在多方面に広がっている。「浅間神社」とよばれるこの神社は、関東地方を中心に、大きく輪を広げているのだ。

国民的人気の富士山登山を禁じられていた人とは？

今でこそ日本の象徴として、国内のみならず海外からも多数の観光客が訪れる富士山。世界遺産という立派な称号を得ながらも、老若男女を問わず、すべての人が登山を楽しむことができる山である。

しかし誰もがこの山に登れるようになったのは、実はごく最近のことである。それでは以前はどうだったのかというと、実に不平等な規則があった。その規則のおかげで、富士山に登ることが許されなかった人々がいるのだ。

登ることを許されなかった女性たち

富士山は霊山として名高い山である。神仏に会うための登頂の条件は、簡単なものではなかった。登山者は自身の身を清め、穢れなき状態となることを求められた。何よりも、古代から不浄の存在と信じられていた女性たち。「女性が登山をすると山の怒りを買い、天変地異が起こる」と言い伝えられていた。そのため、女性はこの山に登ることに関して非常に大きな制限を設けられ、一般に富士山は「女人禁制の山」とされていた。

これは富士山に限ったことではなく、他の霊山のほとんどが「女人禁制」とされていた。今考えてみれば、なんとも不平等な規則である。

それでも女性の登山が例外なく門前払いだったというわけではない。一定の地点までは登ることを許されていたようだ。一合目や二合目までは制札《せいさつ》というものが立てられた。これは、禁制がまとめて書かれたもので、木札に書いて公表される。「女人禅定《にょにんぜんじょう》の追立」と表されたこの看板の箇所までであれば、禁制とされた状況でも、女性は富士山に足を踏み入れることができたのである。

それでも江戸末期から明治維新にかけ、男女平等の意識が庶民の間に浸透していくのに比例して、神仏にまみえたいと願う女性も急増していった。女性の要求に応えるように、徐々に政府は規則を緩和していく。一八〇〇年頃には女性の登山は四合四勺程度までは認められたようだ。だが依然として、登頂はその後もしばらく叶わなかった。

女性登山者の第一号は強引な方法をとった！

女性の登頂がなかなか認められなかった状況の中、実に型破りな方法で富士山の登頂にこぎつけた女性がいる。その後ろには、男女平等を掲げる後ろ盾となる者たちがいた。

富士山の冬の様子。山頂は雪化粧で白く色づく。

一八三二年、富士山に最初に登頂を果たしたのは、「高山《たかやま》たつ」という女性である。彼女は「富士講」という山岳信仰団体の信者であった。

かねてから「男女平等」の精神を掲げてきた「富士講《ふじこう》」では、信者の中から意思の強固な女性を探した。そこで選ばれたのが前述の高山たつである。富士講を説く禄行《ろくぎょう》三志《さんし》は、彼女をまず男装させた。ちょんまげも結わせてすっかり男の姿へ変えさせると、富士山の登頂を命じたのである。こうして、日本で初めての女性登山者が誕生したのだ。

ちなみに、高山たつの生まれ年は干支でいう辰年であった。そして登頂の計画を立てたのも辰年。さらに彼女の名前にも含まれるのもまた、「たつ」である。この縁起にあやかり、大願成就の予感を感じ、登山を決行した。

当時、たつは二十五歳、禄行は六十八歳。時は九月、山道は気温の変化が著しい。さらには積雪もあった。若い娘と老師は極めて困難な状況下で、山頂を目指して歩いた。信念を胸に、必死の思いで過酷な登頂を成し遂げたのである。こうして、男子服に身を包んだ日本初の女性登頂者が誕生することになった。

なお、完全に女性の登頂が認められるのは明治時代に文明開化を迎えて以降、一八七二年のことである。高山や禄行は、女性の登山が認められなかった時代にいちはやく富士山の女性登頂にこぎつけたのである。

海外にも人気の富士山
初の外国人登山者が行なったこと

富士山は、日本国内では知名度も人気も抜群の山である。日本一の山と数えられるだけあって、その存在の大きさは歴然だ。それでは、海外での評価はいかがなものであろうか。

二〇一三年六月、富士山は正式に世界遺産に登録された。葛飾北斎《かつしかほくさい》や歌川広重《うたがわひろしげ》などが自作のモデルとして取り上げるほど、富士山は美しい。豊かな自然や美しい景観は、見る人々の美意識を高めてきた。もちろんそれは海外からの評価も同じである。日本が誇る大きな山には高い評価が集まっている。

初登頂のイギリス公使、山頂で行なったのは……

富士山に海外から初めて登ったのは、初代イギリス公使だ。名をラザフォード・オールコックという。彼は日本の富士山を見て、単純に山に登りたいと考えたわけではない。目的は、外国人が日本国内を許可なく自由に旅行できるということを実証するためだったといわれている。また、日米修好通商条約の締結を経て、江戸では異国人に対する反発が高

ラザフォード・オールコックが富士山登頂に成功してから150周年の記念に建てられた碑。

まっていた。このトラブルに頭を悩ませていたオールコック。彼には、江戸以外の土地でも異国人に対する警戒が強いのか、自分の目で確かめたいという狙いもあったようだ。日本側はこの異国人の登山を厳しく反対し続けていた。幕末の争乱から明治維新の混乱期、各地で外国人襲撃事件が多発していた。日本人の役人たちはまず、これを恐れた。また、日本人の「心」である富士山に異国人が足を踏み入れることを嫌う声も少なくなかった。しかし、揺らぐことのないオールコックの信念に、日本の行政府は仕方なく、ついに許可をおろしたのである。

一八六〇年九月、オールコックは百人の役人と、三十頭もの馬を引き連れて、富士

ラザフォードが登頂したことを記念に建てられた記念碑。

山の山道を歩き出した。

道中、オールコックは宿場の待遇に歓喜し、風呂や蚊帳《かや》など、日本の技術を大きく評価した。極寒の地での宿泊に苦労したり、長い山中に足を痛めながら、一行はなんとか頂上へたどり着いた。所要時間は実に八時間にのぼったという。

登頂を果たしたオールコックは、火口をめがけ、なんと持っていたピストルを発砲したのである。これには彼の監視役についてきた日本人の役人も驚き、震え上がった。彼にとって、これは登頂を成し遂げたことに対する喜びの空砲だったのである。そこにはオールコック最大の感謝の意も含まれていた。

富士山で初めてスキーをしたのは外国人!?「日本スキーの父」とは

静岡県は、海側に人の集まる地域が密集している。そして北側には多くの山々がそびえたって並んでいる。冬には山に雪が積もるものの、そこでせきとめられてしまう。ゆえに、人口密度の高い地域ではあまり雪は降らない。これが、「静岡県は一年中温かく雪が降らない」といわれる理由だろう。

とはいえ、山々にはやはり多くの雪が降り積もる。富士山も例外ではなく、冬には雪化粧で姿が大きく変わる。頭のほうが白く染まり、夏場とは違った圧巻の美しさを見せてくれる。

冬の雪山といえば、ウィンタースポーツだろう。スキーやスノーボード客などで、ゲレンデが埋まる光景は、冬の風物詩である。

ところで、富士山で初めてスキーを行なったのは、実は日本人ではない。海外からやってきて、日本人にスキーの滑り方の手ほどきをしたのは、オーストリア人なのである。

新潟県上越市にあるレルヒ像。日本スキーの父として勇ましい姿を見せている。

日本スキーの父・レルヒ少佐

一九一一年一月十二日、現在の新潟県上越市《じょうえつし》。雪国で有名なこの地で青年将校十人を集めて行なわれたのが、スキーというスポーツの始まりといわれている。

当時、指導を務めたのはオーストリアの軍人。名を「テオドール・フォン・レルヒ」という。アルペンスキーの創始者に学んだ彼は、やはりアルペンスキーを得意とし、名手と呼ばれるほどの腕前であった。

上越市でスキーの指導をした翌年の一九一二年、彼は富士山にいた。友人で同行者のクラッセルとともに、日本一の山でのスキーに挑戦したのだ。頂上からの滑降ではなかったが、それでも八合目あたりの高い

御殿場市にある「日本スキー発祥の地」掲示板。

場所からからスタートを切った。

ちなみに、日本で初めて富士山山頂からのスキーを成し遂げたのは、東京大学医学部の学生たちだ。彼らもまた、レルヒ少佐に感銘を受けた者たちであることはいうまでもない。

レルヒが来日したのは、日露戦争に勝利した日本の調査をするためである。そんな中で彼が行なったスキー指導が、日本のスキーの先駆けとなったのは事実だ。それまでスキーというものを知らなかった日本人にとって、大きな驚きと感動を呼んだだろう。日本の各種スキー団体では、毎年一月十二日を「スキーの日」と定めているほどである。

「どっこいしょ」発祥はなんと富士山!?

重いものを持ち上げる時、重たい腰を上げる時……。日常の多くの場面で、人々はさまざまな「掛け声」を使うだろう。

「よいしょ」や、「せーの!」など、その種類は豊富だが、中でも我々がよく耳にする、なじみ深い言葉がある。「どっこいしょ!」である。

これは昔から気合いや力を入れる際に使われることが多い。最近の若年層はあまり使用しないかもしれないが、それでも聞いたことがある人は多いはずだ。

実はこの「どっこいしょ」という掛け声、もともとは富士山から生まれた言葉なのである。その起源をたどってみよう。

「六根清浄」の言葉から生まれた「どっこいしょ」

日本人は、個人差はあれど、国民としてまとめて見たときに、実にきれい好きな性質を持っている。また「美」という概念を通してものの価値を見る傾向が強い。

往年の人々は富士山に登る際、ある言葉を唱えながら歩を進めていた。「六根清浄《ろっこんしょうじょう》」である。富士山登山に限らず主に山岳仏教の行者が唱えていた言葉は、「六根清浄」という言葉に集約される。彼らは、山に登る際、「六根清浄、山は晴天」と唱えながら富士山に足を踏み入れる。それにしてもこの言葉、いったいどういうものなのだろうか。

「六根」とは、目・耳・鼻・舌・身・意（意識）のことを指す。つまりは、人間の持つ六つの知覚を表す言葉である。

「目は不浄を見ない」
「耳は不浄を聞かない」
「鼻は不浄を嗅がない」
「舌は不浄を味わわない」
「身は不浄に触れない」
「意は不浄を思わない」

このように、身も心も穢れないよう、つねに清浄を保とう、という願いを込めたものがこの「六根清浄」なのである。

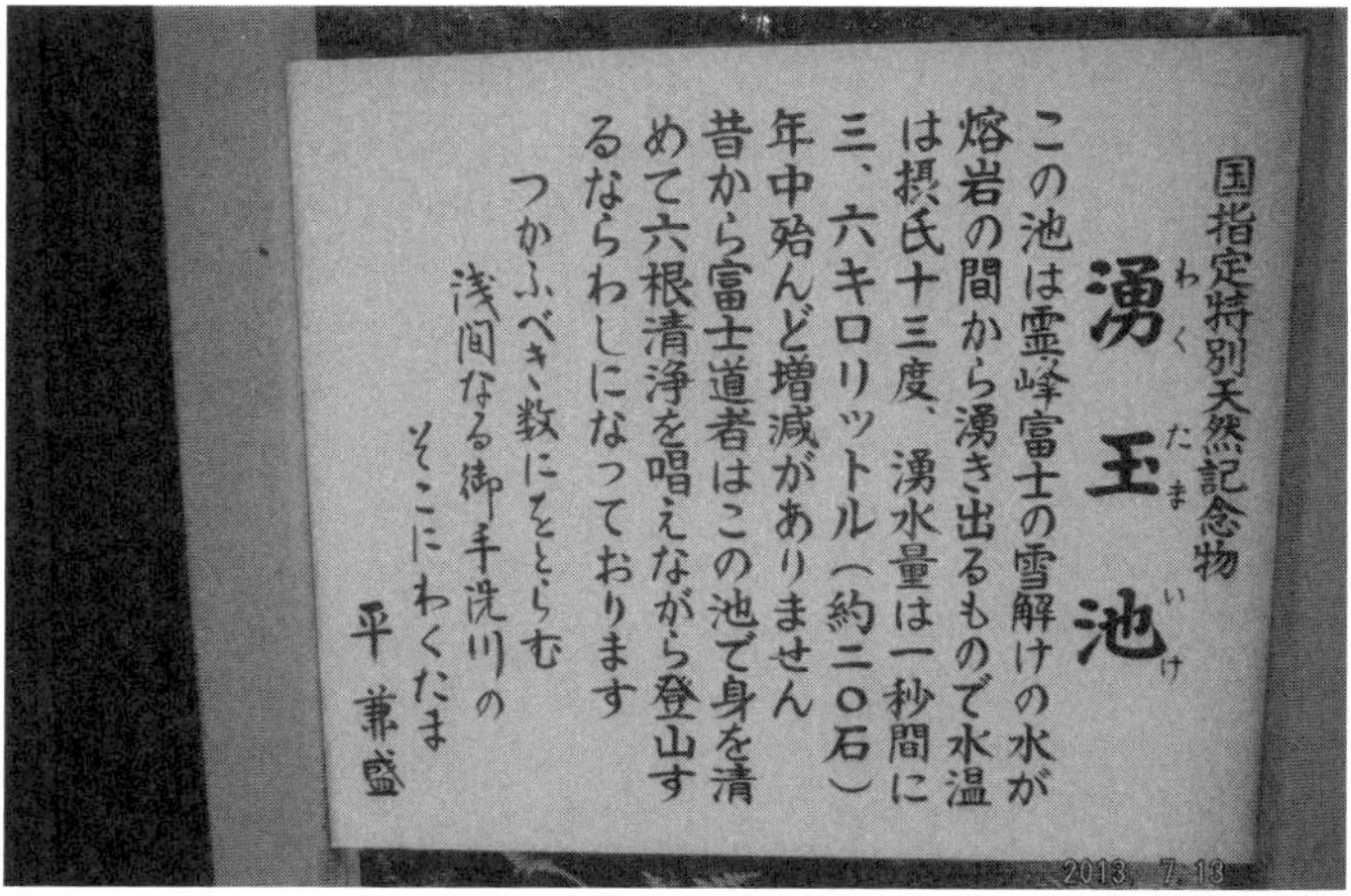

富士宮市湧玉池にある看板。富士登山者は「六根清浄」を唱えると書かれている。

富士山の登山者はこの言葉を唱えることで、「六つの知覚からくる様々な汚れを捨て、山に登ろう」という意識を高めるのである。

この「ろっこんしょうじょう」、登山者が疲れ果て、息も絶え絶えにつぶやいたことから「どっこいしょ」という言葉が生まれたとされている。こんにちでもなじみの深い言葉となったのである、

宗教的な意味で使われていたこの言葉も、時がたち、形を変えた。今では登山の際に自分の気を落ち着けるような意味合いで使用されるようになったというのだから、実におもしろいものだ。

静岡県に住む人々独特の方法で天気予報

日本にさまざま言い伝えられていることわざは奥が深く、興味をそそる。

「夕焼けは晴れ、朝焼けは雨」
「節分に雪が降れば四十八日荒れる」
「桜の花の色が薄い年はいつまでも寒い」

この他にも、実に多くの言葉が存在する。古来から人々は、さまざまな気象の情報を自然から汲み取ってきた。

一般的に、雲や風の動き、空気の寒暖、太陽や月などの天体から天気を予測する方法は昔からとられてきた。「観天望《かんてんぼう》気《き》」と呼ばれる手法である。

静岡県でも、人々は天気を知る術を独自の方法で身に付けている。富士山を望む周辺の人々は、日本の象徴であるこの山から、天気を予報しているのである。

富士山にかかる笠雲。その姿はまさしく「笠」のようだ。

富士山の雲の様子が天気予測のカギ

静岡県北東部に高くそびえる富士山。童謡「富士山」の冒頭部分でも歌われる通り、頭を雲の上に出すほどの高さである。

富士山周辺には、そんな富士山と雲の関係から、天気を予測することわざが言い伝えられている。「富士山が笠をかぶれば近いうちに雨が降る」や、「ひとつ笠は雨、二重笠は風雨」などである。富士山の状態を見るだけで天気がわかってしまうのは驚きである。

「笠雲」とは、富士山に覆いかぶさるようにして出現する雲のことである。富士山がこれをかぶったら近いうちに雨が降るとい

富士山周辺に現れる「つるし雲」。渦を巻く、竜巻のような姿だ。

う言い伝えは、数あることわざの中でも高い的中率を誇る。低くても七十パーセント、高いときは八十パーセントの確率で当たるというから、あなどれないものである。

また、笠雲の他に「つるし雲」と呼ばれるものも存在する。こちらは山頂から少し離れた場所に現れるレンズ雲のことを指していう。

このふたつの雲は雨を知らせる兆候として知られている。笠雲とつるし雲が同時に出現した場合、実際に降水確率は八十パーセントを超えるという。「観天望気」とはいえ、実に大きな天気予報の指標であることは間違いないだろう。

チリにある富士山!? その姿はまさに瓜二つ!

青い山脈と、頭が白く染まった姿が美しい富士山。二〇一三年、晴れて世界遺産にも認定され、名実ともに日本一の山となった。

美術の世界でも富士山の美しい姿は、モチーフとして引く手数多である。例えば、葛飾《かつしか》北斎《ほくさい》作の『富嶽三十六景《ふがくさんじゅうろっけい》』。すべての作品の中心に描かれるのは荘厳な富士山である。また、歌川広重の著作『東海道《とうかいどう》五十三次《ごじゅうさんつぎ》』の中でも登場する。今も昔も、日本の象徴として多くの画家がこぞって描いている富士山。しかし、日本代表のようなこの「富士山」。日本だけに存在するものではない。なんと、富士山と瓜二つの山が、海外にも存在するのだ。

富士山にそっくりなチリ富士、「オソルノ山」とは

日本から遠く離れた南米「チリ」。世界的に有名なのは、イースター島のモアイ像だろうか。また、自然が豊かで、付近の海で獲れる新鮮な魚介類もまた、美味で知られている。さらには、質が高くて芳醇なワインも、非常に高い人気を誇っている。そんなグルメな国

チリにある「オソルノ山」。その姿は富士山にあまりにも酷似している。

に、大きな名物は存在している。

チリ中南部、「オソルノ」と呼ばれる地に、富士山そっくりの山はある。とはいえ、百聞は一見に如かず。一目でいいので、比べて見るとわかりやすい。

「オソルノ山」を見たものは口を揃えて「富士山だ！」と叫ぶだろう。あまりにも富士山に似た景観は、そこがチリであることを忘れさせるかもしれない。

アンデス山脈に属するオソルノ山は、標高二千六百五十二メートル。日本一の高さを誇る富士山よりは少し小さめである。その姿が酷似していることから、「ミニ富士山」といったらいいだろうか。

この山は、日本では「チリ富士」と呼ばれている。読んで字のごとく、「チリの富

※オソルノ山位置図

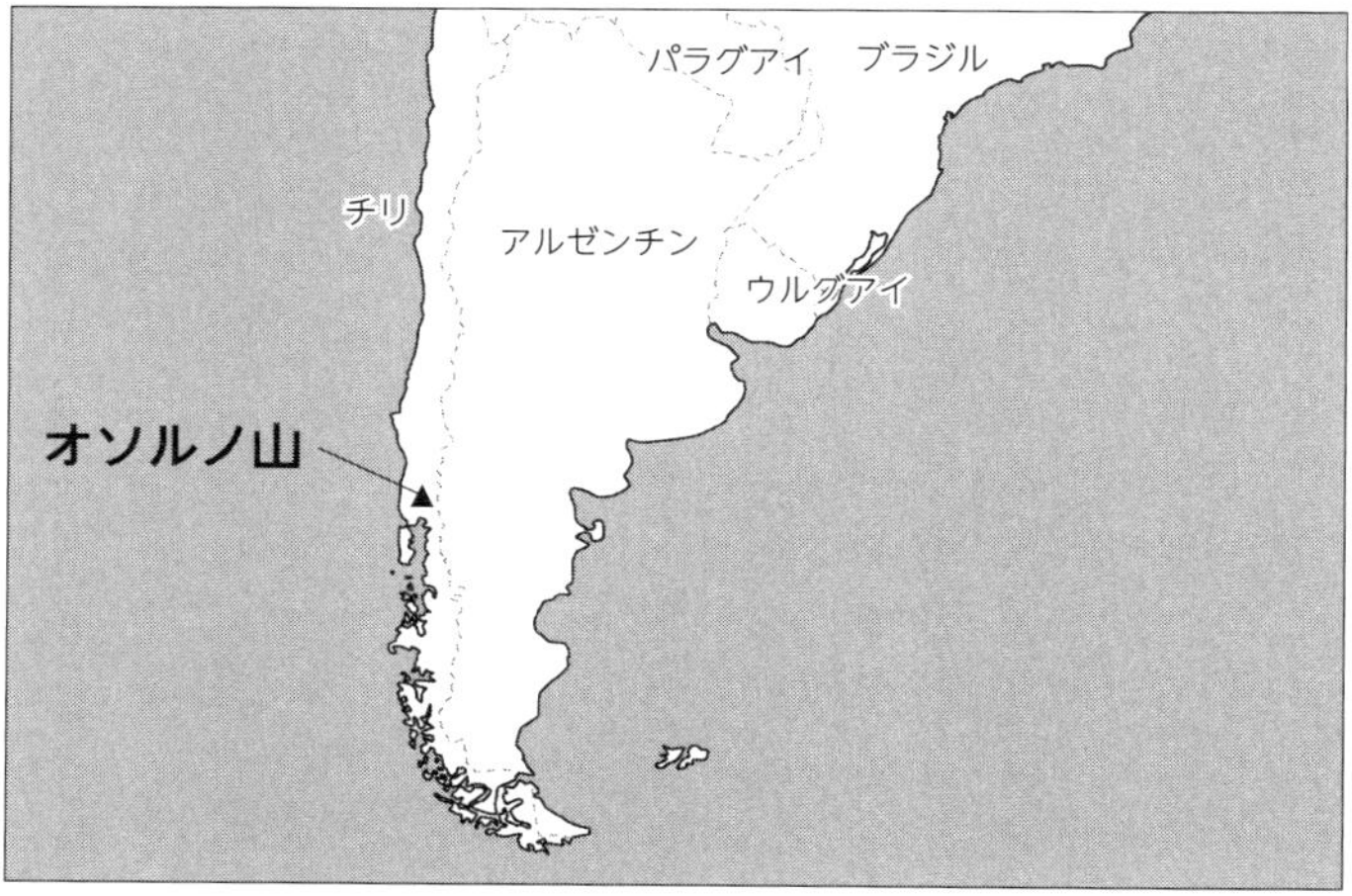

オソルノ山は日本の反対側、チリの南部に位置する。

士山」という意味だ。この山が似ているのは、山の外観だけではない。裾野には森や湖が広がり、全風景として日本の富士山そのものの雰囲気を味わうことができる。

さて、ここまで「オソルノ山」に関して述べてきたが、実は富士山に似た山は世界中にある。トルコにある「アララト山」や、エクアドルの「コトパクシ山」、「イラン富士」と呼ばれる「ダマバンド山」などがあるが、他にも多数存在している。

しかし、やはり一番似ているのは、「オソルノ山」であろう。我々日本人が「オソルノ山」に驚くのと同様に、富士山を見たチリの人も、腰を抜かすに違いない。

静岡県にある新しい空港 正式名称の秘密

お茶の県、うなぎの県と同じく、静岡県は富士山の国ともいえる。北部に高くそびえ立つ富士山があるからだ。山梨県との県境にあるため、どちらの県で見る富士山がきれいか、などとたびたびメディアでも論争が取り上げられる。しかし、当の県民はそこまで対抗意識は持っていないようだ。とはいいながら、県民からしたら一歩も譲れない問題である。

富士山が魅力的であるからこそ、このような対立が生まれるのだろう。実際、日本一の山は美しい。県の誇りでもあるこの山は、さまざまなものの名称にも取り入れられている。

静岡空港、その正式名称とは

日本一の山にちなんだ名称の土地は、静岡県に数多く存在する。主に富士山の近くに位置する場所が多いようだ。富士宮市、富士市などがその例である。

また、富士山が見えるということで名がつけられた地名もある。「富士見《ふじみ》」という地名は静岡県を中心とし、東京や栃木県、愛知県などの各所に存在する。いずれも「富士山」

富士山静岡空港。周りに広がる茶畑がなんとも静岡県らしい。

が名称の由来であろう。

さらに、富士と名のつく場所は地名以外にも増えている。数年前、静岡県に新たな空港ができた。二〇〇九年に設置された「静岡空港」である。島田市と牧之原《まきのはら》市の間に、長さ二千五百メートル、幅六十メートルの大きな滑走路が誕生したのだ。牧之原市の茶園の上空を飛ぶ飛行機の姿は、非常に美しい。

国内線は北海道から沖縄県、国際線は韓国や中国などへの便が運行している。各国への移動に重宝しているのだ。また、空港の施設内には免税店などが置かれている。静岡駅から車で約四十分、浜松駅からは車で約五十分と、県内各所からの交通アクセスも非常に便利な空港である。

※富士山国際空港 主な運航先

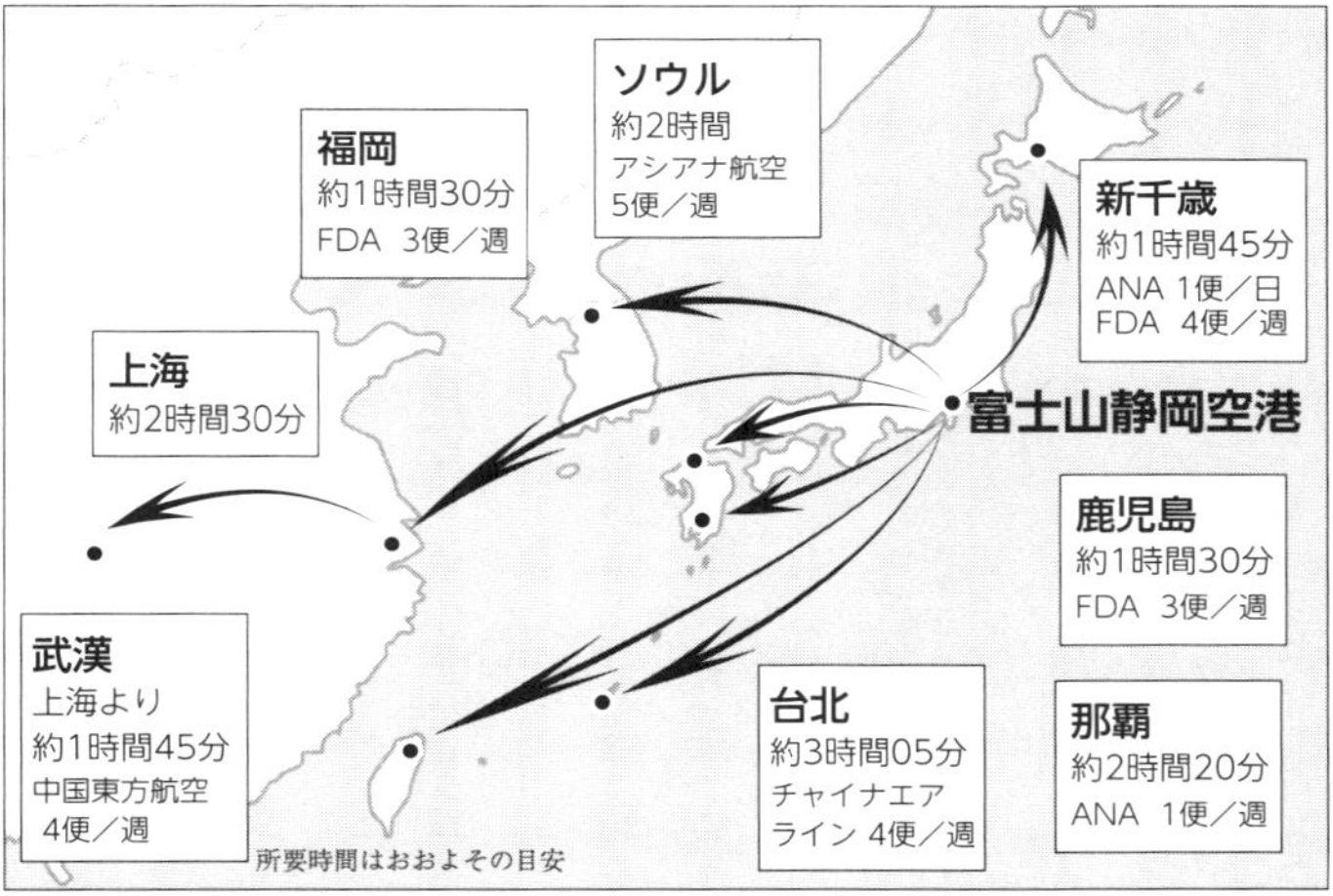

富士山国際空港発着便の主な運行先（2014年10月10日～25日までの運行スケジュール）。

実は、「静岡空港」は正式名称ではない。正式な名前にはもっと静岡県らしい名前が隠されているのである。

「富士山静岡空港」。空港名の冠には「富士山」とついている。このように大胆なネーミングは、さすが日本一の山を抱える静岡県である。

しかしこの「富士山静岡空港」、名前に大きなブランド名が入ってはいるが、実は富士山にはさほど近いわけではない。空港がある牧之原市は静岡県の中央南部に位置する。同県の東側にある富士山とは、少し距離があるところに多少の無理を感じてしまうのも否めない。

日本一の山、富士山その弊害とは？

既述の通り、日本一の高さを誇る富士山。日本一、日本一とたたえられるこの山には、何か弱点はないのだろうか。世界遺産に認定されるほどの山にも、日本一の景色ならではの弱点となるべき事柄も存在するという。

富士山といえば、霊峰として名高い。これはすでに述べてきたことである。神が宿る山として人気が高く、その姿は厳然で、日本人の守護神ともいうべき存在である。しかし、神聖で神秘的な山は人々を癒す一方、時として人々を迷わせることもあるという。

富士山の誘惑に負けてはいけない

富士山の弊害といわれても、すぐには想像できないだろう。雄大な景色を見て美しいと思うことはあっても、嫌な気分になることはほとんどないはずだ。富士山の景色に関しては文句のつけどころがない。富士山に関する悪い面というのは、外観ではない。富士山を眺めることによって引き起こされるさまざまな弊害といったほうがいいかもしれない。

他にも問題といえば、ゴミ。富士山に捨てられたゴミの数々。ボランティア団体などの協力により、環境改善が進められている。

代表的なものが交通事故である。富士山の周辺には東名高速道路などさまざまな道路が通っている。富士山周辺では交通量が非常に多く、事故が多いとされている。原因としては、他県ではありえないようなものが挙げられる。

「運転手が富士山に見とれてしまう」「富士山を見るためによそ見をしてしまう」などだ。たしかに、脇見運転はよくないことだが、富士山見たさに事故を起こしてしまうのではさらに本末転倒である。

四十七都道府県の中で、静岡県は人口十万人あたりの交通事故の割合が非常に高い。その数は実に、香川県や佐賀県に次ぐ三位を記録している。運転の際は富士山の景色に集中しすぎぬよう、気をつけてほしい。

二月二十三日は特別な日
富士山の県ならではのならわし

日本には、さまざまな記念日が存在する。関東大震災を心に刻むための「防災の日」（九月一日）や平和を願うための「終戦の日」（八月十五日）など、歴史上の経験からつくられたものが多い。

また、「楽器の日」（六月六日）や「メンズ・バレンタインデー」（九月十四日）など、企業や団体が定めている、個性的で面白い日も存在する。

そんな中、静岡県と山梨県では、県民ならではの記念日が制定されている。日付の語呂にちなんでつくられた日である。

二月二十三日は「富士山の日」

日本を代表する山を抱える静岡県。非常に美しいその景観は、見る者に大きな感動を与える。これを受けて、静岡県では、富士山に関する条例を定めている。

二〇〇九年十二月、静岡県では二月二十三日を「富士山の日」と定めた。これは、日付

富士山の日には県内各地でさまざまなイベントが開催される（富士市／吉原商店街）。

の語呂を「富士山」に絡めてこの日としているのだ。覚えやすい日であることが重要であると考えられ、この日になったようだ。「富士山の日」には、日本の大きな財産である富士山に関して理解と関心を深める目的がある。後世に引き継ぐことも視野にいれ、富士山のことをしっかり考えよう、という意味が込められているのである。

毎年、二月二十三日には、静岡県内で多数の催しが行なわれる。その数は実に三百件にものぼるというから驚きだ。富士山の絵画展や、富士山に関する物語の読み聞かせ活動など、参加すれば富士山に詳しくなれそうなものばかりである。

ちなみに、同じく富士山を抱える山梨県でも、「富士山の日」は制定されている

雪が降らない県、静岡
風に乗って舞い落ちる花？

静岡県は、温泉地として有名である。県内には「熱海」という地名もある。このイメージから、他県民の想像する静岡県の姿はおのずと決まっている。

「なんだか暖かそう」

東京の南西部に位置するこの静岡県は、温暖な印象を持たれることが多いようだ。実際に、東京などの首都圏と比べると、暖かく過ごせることに違いはないようだ。しかし、静岡県民からしてみると、温暖な日ばかりではないという。

静岡県には、「遠州のからっ風」と呼ばれる突風が昔から知られているように、非常に風の強い地域でもある。さらに、地域によって非常に温度差も激しい。

静岡県に見られる「風花」現象

県内中心部や平野部では、雪はほとんど降らないといわれている。これは、雪雲が富士山をはじめとする山々でせき止められてしまい、雪は平野部や中央部にはほとんど降り積

静岡県に舞う「風花」。ちらちらと舞落ちる雪はなんとも美しい。

※全国年間降雪量

順位	都道府県	降雪量
1	青森県	669cm
⋮	⋮	⋮
38	熊本県	2cm
38	大分県	2cm
38	愛媛県	2cm
38	和歌山県	2cm
38	兵庫県	2cm
43	高知県	1cm
43	千葉県	1cm
--	沖縄県	---
--	静岡県	--
--	宮崎県	--

気象庁の観測データに基づく降雪量ランキング

静岡県の降雪量。全国でもダントツで少ないことがわかる。

もらない。人の住む地域に降りてくるころには、乾いた雪がちらちらと舞う程度なのである。

雪が滅多に降らない地域のため、降雪の時には他県以上に盛り上がる。授業はなくなり、先生は生徒を外へ連れ出し、雪遊びが始まるのである。

降雪が少ないときでも、生徒はしきりに「風花《かざはな》だ！ 風花だ！」と騒ぎ立てるだろう。「風花」と聞いても、他県民には馴染みのない言葉だけに、少々戸惑ってしまうかもしれない。

「風花」とは、雪のことである。しかしただの雪ではない。「富士山」などをはじめとする山々を抱える静岡県。山に積もりきらなかった微量の雪が、「遠州のからっ風」に乗って里へおりてくるのである。空をふわふわと舞う雪は、なんとも幻想的な光景をみせる。

この「風花」は、方言というわけではない。実は『広辞苑』などの辞書にも載っている一般的な言葉だ。風花は全国的にはあまり見られない現象ではあるが、静岡県ではよく見られる。他地域になじみがないのは、県内では良く聞くが、県外ではあまり知られていない、という認識の差があるためである。

この「風花」、静岡県だけの特殊な現象ではない。からっ風で有名な群馬県などでもその姿を見ることができるといわれている。

初夢の縁起物は静岡県に大きく関連していた!

新年の始まり、元日。一年で最初に見る夢は初夢とよばれ、人々の運勢を左右する事柄のひとつである。初夢では、見たら縁起がいいとされるものが存在する。代表は「一《いち》富士《ふじ》二《に》鷹《たか》三《さん》茄子《なずび》」と、まとめて覚えている人がほとんどだろう。

このとおり、一番縁起がいいのは富士山、二番目が鷹、続いて茄子と、縁起がいい順に表されている。

しかし、この三つ、特に何か共通点があるわけではない。どちらかといえば関連性の薄い組み合わせのものをなぜ並べたのだろうか。そこには、静岡県が関連するある理由があった。

家康の好みで揃えられた三拍子

「一富士二鷹三茄子」が縁起物とされるようになったのは、江戸時代がはじめだといわれている。駿府城にいた徳川家康の好んだ物が、まさにこの三点だったのである。「富士」

駅弁屋「桃中軒」で販売される一富士二鷹三茄子弁当。販売期間は6月1日から8月31日。

はもちろん「富士山」、いわずと知れた日本一の山である。「鷹」とは、富士山の南にある「愛鷹山《あしたかやま》」からきているといわれている。もともとは「足高山」という表記だったこの山も、徳川家康が鷹の狩りを楽しんだことから名称が変更されたともいう。家康の趣味として鷹狩りは有名だ。

最後に「茄子」。他のふたつと比べるとどこか地味な印象も受けるが、これにもちゃんと理由がある。

駿河でとれる茄子を、家康はずいぶん気に入っていた。三保《みほ》でとれる茄子（折戸《おりど》なす）はおいしく、将軍家への献上品としても人気の高級品であった。

このように、当時大きな権威を持っていた家康が好むものが縁起物とされたのだ。

世界遺産登録　三保の松原の松の数は？

静岡県で世界遺産に認定された「富士山」。しかし、認定されたのは富士山だけではない。二〇一三年六月、富士山と同じ時期、同県内にある「三保《みほ》の松原《まつばら》」もまた、美しい景観を認められた。こうして静岡県で自然が作り上げた賜物はふたつとも、同時に世界文化遺産として名を残すことに成功したのだ。

三保の松原には、数々の言い伝えが残されている。日本に伝わる「羽衣《はごろも》伝説」。この物語の中で、天女が羽衣をかけたのは三保の松原にある「羽衣の松」とされている。さらに、近くにある御穂《みほ》神社には、羽衣の切れ端が保管されているという。

松の木の数は大幅に少なかった！

国内ではかねてから、「気比《けひ》の松原」（福井県敦賀市）や「虹ノ《にじの》松原」（佐賀県唐津市）とならび、日本三大松原に数えられている。北海道の大沼、大分県の耶馬渓とともに新日本三景にも名を連ねている。日本の松原として数えられるだけに、植えられている松の数

世界遺産、三保の松原。緑が生い茂り、美しい景色が眺められる。

は実に多い。

植林されている数はなんと五万四千本。およそ七キロにも及ぶ海岸の広さもさることながら、この本数には驚かされる。しかし、実はこの数字は過去の本数。ずっとこの数と思われてきたが、近年、新たな事実が発覚した。

二〇一四年二月、三保の松原がある静岡県静岡市。地元の市民は松の木の本数の調査に臨んだ。すると、衝撃の事実が発覚したのである。

調査結果は、およそ半分の三万六百九十九本。清水地区のボーイスカウトの六十周年記念イベントとして行なわれたこの調査は、前代未聞の結果となった。実際に調査にあたった地元民も驚いたことだろう。

第五章

静岡県のさまざまな不思議

サッカー大国、静岡県その秘密は子供の頃から

静岡県は、サッカーの県として有名である。Ｊリーグを支えるチームはふたつも存在し、ライバルとしてしのぎを削っている。静岡県にある「清水エスパルス」と「ジュビロ磐《いわ》田《た》」は、県外の人間でも名前くらいは聞いたことがあるだろう。

前者は、「サッカーのまち」と呼ばれる静岡市清水区に拠点を構えるチームだ。「ＩＡＩスタジアム日本平」を拠点に、日々実力を磨いている。一九九六年のナビスコカップや、二〇〇一年の天皇杯など、数々の名だたる大会にも出場し、見事優勝を収めている。

後者の「ジュビロ磐田」もまた、サッカー界の強豪チームである。県の西部に位置する磐田市に本拠地を置く。ヤマハ発動機のサッカー部（一九七二年設立）がはじまりとされている。現在でも「ヤマハスタジアム」をホームとして活動をしている。

しかし、静岡県がこれほどまでにサッカー大国となったのには、ある理由がある。それは一九二四年、ある小学校で行なわれたスポーツが始まりであった。

静岡サッカーのはじまりは藤枝市

静岡のサッカーの興《おこ》りは、清水区でも磐田市でもない。県内中央部に位置する「藤枝《ふじえだ》市」にその起源はある。

静岡県立志太《しだ》中学校。現在は県立藤枝東高校となっているこの学校で、いちはやく「サッカー」が競技として授業に取り入れられた。一九二四年当時、「蹴球《しゅうきゅう》」と呼ばれた競技は、授業だけでは収まらず、今でいう部活のようなものが発足された。これを契機にどんどん実力をつけ、各種大会を総なめするほどになった。卒業後は、ベルリンオリンピックなどの世界大会にまで日本代表として出場する選手がいたほどで、その実力は国内では計り知れないものであったことに違いはない。

以降、全国的にサッカー選手を志す若者が増え、競技人口は全国的に増大した。藤枝東高校と名を改めた後も、高校総体、国体、そして選手権大会を見事に制し続けた。

そんな藤枝市に負けられないと立ち上がったのが旧清水市だった。旧清水市はまず少年サッカーのレベル向上に力を入れた。つまり、少年サッカーの先駆けとなったのも、やはり静岡県の旧清水市なのだ。市内の江尻小学校に赴任した教師が先導したといわれる。後にサッカークラブが発足し、全国的にも少年サッカーの人気は高まっていったのである。

ブラジル人が多い静岡県 その主な理由とは？

日本には現在、多数の外国人が暮らしている。貿易の中心として栄えた長崎県には西洋や中国の建物が数多くそびえ立つ。西洋人やアジア人を問わず、国内には非常に多くの在留外国人が存在するのである。

総務省の調査では、日本に暮らす外国人で、一番多いのは中国人である。二番目は韓国や朝鮮人。隣国というのもあるのだろうか、アジア勢が多い傾向にあるようだ。

しかし、三位を見ると驚く結果になっている。なんと、日本で三番目に多いのはブラジル人なのである。二〇一一年の統計ではおよそ二十一万人が日本で生活をしている。驚くのはまだ早い。人口百人あたりのブラジル人の数が最も多いのが静岡県である。遠く離れた国から、どうしてこんなにたくさんの人が来日しているのだろうか。

静岡が支える工業、自動車メーカーに関係がある

静岡県といえば、いわずと知れた四輪・二輪メーカーの大手を多数抱える県である。S

※日本における外国人人口の推移

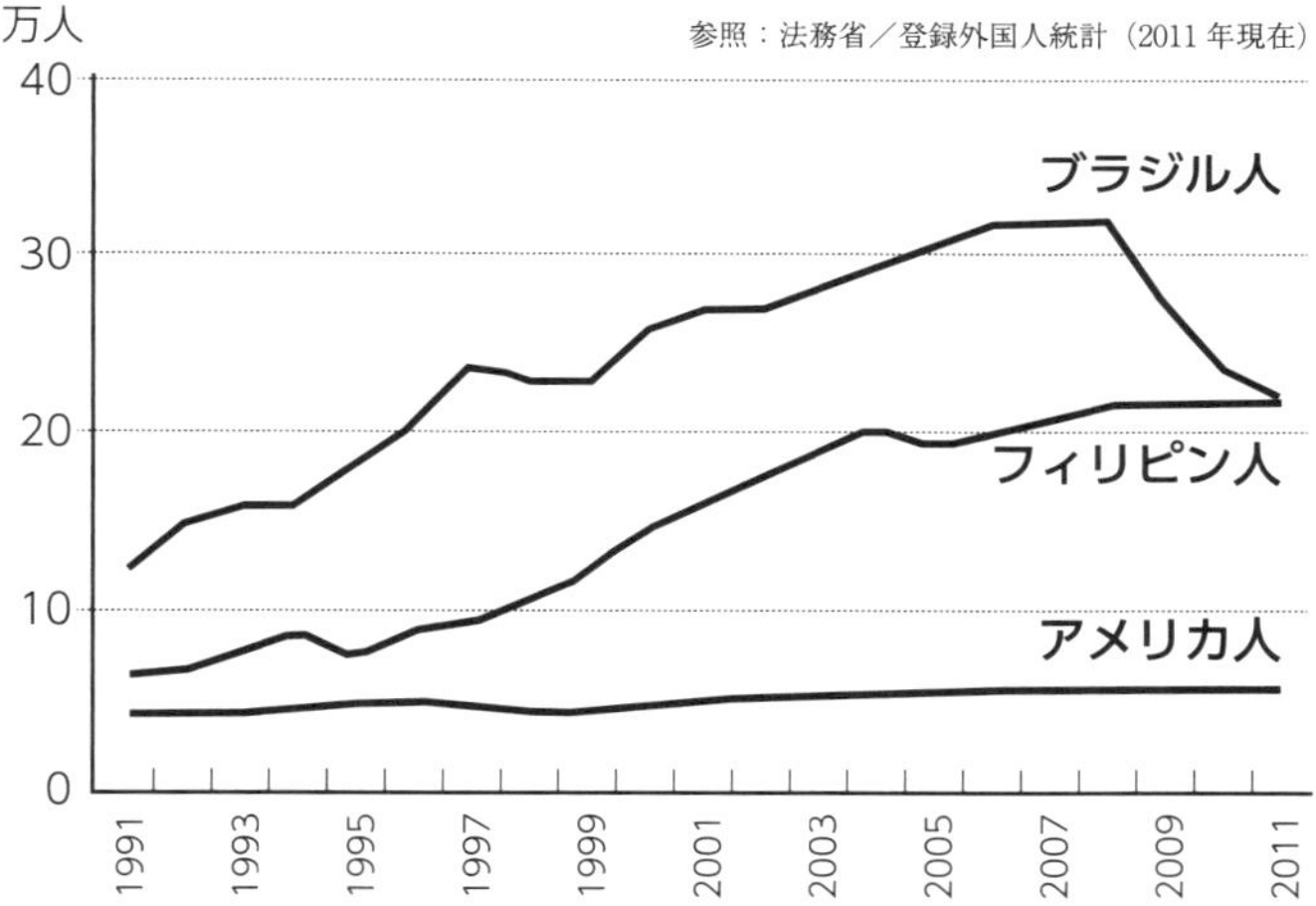

参照：法務省／登録外国人統計（2011年現在）

UZUKIは静岡県浜松市に本社を置く会社である。本《ほん》田《だ》宗《そう》一《いち》郎《ろう》が創ったHONDAも同じ浜松市が発祥。YAMAHAも同様である。自動車メーカーを支える工業都市には、多数の人手が必要になる。必然的に企業は安い賃金で繰り返し続く単純労働に従事してくれる外国人労働者を求めることになる。

ちなみに浜松市では、県内でも外国人労働者の数が最も多いとされる。静岡県の人口に対し、実に二・六パーセントが外国人という計算である。なぜこれほどまでにブラジル人が多いのか。これには歴史に由来があった。

一九〇八年、「笠戸丸」によって日本人の八百人弱がブラジルに足を踏み入れた。

日本人がブラジルの移民となった六月十八日は、ブラジルでは「日本移民の日」、日本では「海外移住の日」と名付けられることになった。

この「移住」が契機となり、日本とブラジルの距離は一気に縮まった。現在も、ブラジルには世界最大の数の日系人が暮らしている。街を歩けば日本食レストランや日本の本が置かれている書店が目につく。現在も日系ブラジル人は、南米の土地で生活しながらも、独自の文化を育んでいるのだ。

このような日本とブラジルの友好的な歴史から、ブラジル人にとって日本は入国しやすい国になった。国内および、静岡県内の人口が非常に多いのも、前述の理由の通りである。

斬新な名称で人気? 何がいるのかわからない動物園

世界には、さまざまな動物がいる。我々の身近にいる犬や猫の他にも、動物の種類は実に多い。珍しい生き物といえば、世界中の海に生息する「リュウグウノツカイ」。美しい容姿もそうだが、なにより名前にインパクトがある。ほかにも、環境によって変色する動物や、求愛ダンスをする動物など、生態に特徴がある動物も数多くいる。

ところで、日本にはいくつもおもしろい名前の動物園・水族館が存在する。沖縄の「美《ちゅ》ら海《うみ》水族館」などが一例だ。名称が特殊なため、聞いた瞬間、耳を疑いそうになるだろう。

一度は行ってみたい、「バナナワニ園」

静岡県賀茂《かも》郡東伊豆町《ひがしいずちょう》熱川《あたがわ》。県内東部の海沿いのこの街にも、少し変わった、おもしろい名前の動物園がある。伊豆は全国でも屈指の温泉地。ここには、豊富な温泉熱を利用して作られたという特殊な歴史を持っている施設がある。

名前は「熱川バナナワニ園」。聞いただけでは、なんのことだかわからない。そこにあ

熱川バナナワニ園外観。

るのは、「ワニ」のような「バナナ」なのか、「バナナ」のような「ワニ」なのか。いずれにせよ、特殊な種類の動植物があるのだろうかと疑問に思う人もいるだろう。しかし、中に入ってみれば、実にシンプルなものだ。「バナナワニ」などという生物が存在するわけではないのだ。要はワニが多い動物園ということだ。

ここでは、世界中のワニが、なんと十二種類も飼育されている。ここはワニ専門の動物園であり、その数は百二十頭にものぼる。ただ、ワニ専門とうたってはいるものの、レッサーパンダなども飼育されており、小動物の可愛らしい姿を見ることができる。

また、園内にはワニだけではなく、さまざまな植物もある。ハイビスカスやスイレ

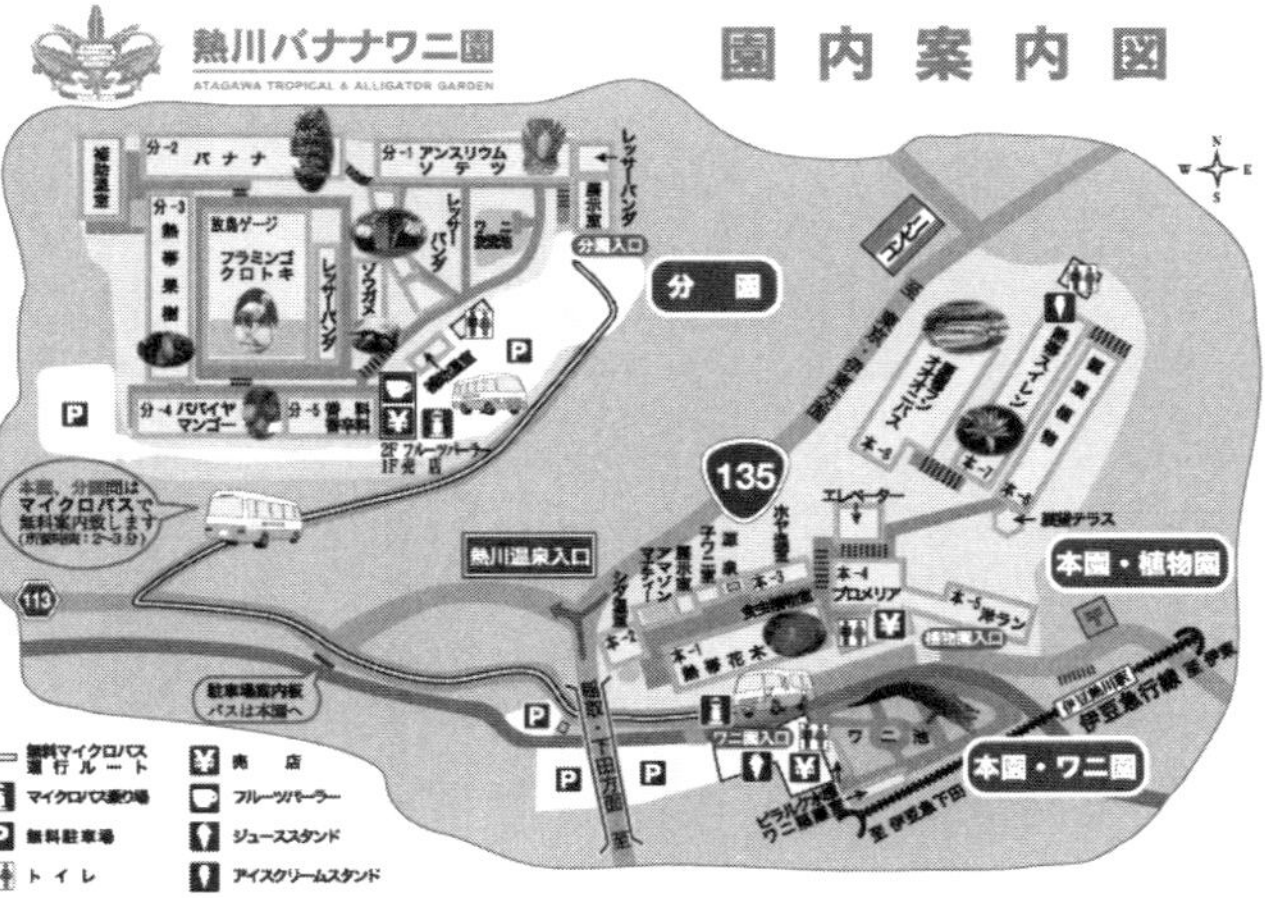

バナナワニ園の園内案内図。3つのエリアにわかれている。

ンなどの美しい姿を拝めるのだ。もちろん、園の名前にもある「バナナ」が売りになっている。この園は動物園、植物園、分園にわかれているが、分園では施設内でとれたバナナを使ったスイーツなどが楽しめる。

さて、この面白い動物園、誕生の経緯が気になるところだ。「バナナワニ園」が創られたのは一九五八年。岩戸景気が続いていた高度経済成長期であった。当時、今よりもバナナの普及率は低く、とても高価な代物だった。また、ワニも非常に珍しい生き物であった。「熱帯の動物園をつくろう」と考えた創始者は、南国の動物といえばワニ、植物といえばバナナ、と頭にひらめいたのだ。こうして「バナナワニ園」が誕生したというわけだ。

狛犬の代わりは……富士市にある爆笑の神社

静岡県富士市。富士山の麓に位置するこの街には、富士の絶景とは対照的に、驚愕の「珍景」を望むことができる場所である。見どころが富士山だけではないという点で富士市は実に趣が深い。

それは富士市にある「富知《ふじ》六所《ろくしょ》浅間《せんげん》神社《じんじゃ》」にある。四章でも触れたが、浅間大社の支社であり、旧国名が由来して、「三日市《みっかいち》浅間神社」の名前でも親しまれる。安産のご利益もあるとされ、有名なパワースポットともオカルトマニアの間では有名だ。このように、ここは実に由緒正しい場所なのだが、非常にユーモアに溢れた神社でもある。

出迎えるのは「ドラえもん」の石像

一見、普通の神社にしか見えない富知六所浅間神社。しかし、いざ鳥居をくぐろうというときに、謎の物体に出会うだろう。

出迎えてくれるのは、どこかで見たことがある石像。のび太くんとしずかちゃんではないか。さらにはドラミちゃんまで……。「ドラえもん」から飛び出したキャラクターがなぜかこの神社に集結しているのである。また、中に入ると、ドラえもんやジャイアン、スネ夫など、おなじみのキャラクターも勢揃いしている。

石像には、微妙に着色が施されていたり、線がくっきりとひいてあったり、少し不気味な印象もうけるが、それでも子供たちは大喜びだろう。なお、この神社に登場するのは、ドラえもんのキャラクターだけではない、人気キャラクター、「ピカチュウ」もなぜか紛れ込んでいるのである。

いったいなぜ、このような石像がいたるところに置かれているのか。神主によると、「特別な意味はないが、子供たちが喜びそうだから」だという。子供だけでなく、大人の好奇心も最大限にくすぐる神社であることは間違いないだろう。

さて、「ドラえもん」のキャラクターが勢揃いしているこの富知六所浅間神社。しかし、ここだけで驚くのは早い。静岡県には他にもドラえもんがいる神社がある。

掛川市にある、龍尾《たつお》神社。ここでも、ドラえもんが元気よく出迎えてくれる。富知六所浅間神社よりは幾分表情も自然である。つくられた理由も富士市の神社と同様だ。また、頭を三回なでると、願い事が叶うという伝説も既に広まっているようだ。いずれにせよ、「ドラえもん神社」は静岡県の名物のひとつとして、多くの人の注目を集めるだろう。

静岡市にある「キティちゃん寺」

静岡市にある「東光禅寺《とうこうぜんじ》」には、とんでもない完成度を誇る石像が存在する。置かれている石像の種類も豊富ながら、ひとつひとつ精巧に作り上げられているのだ。

門をくぐって右手に、石でつくられた「キティちゃん」は立っている。適度な丸さ、つや、着色の美しさ……。どれをとっても秀逸としかいいようがない仕上がりである。

なんでもこの「キティちゃん像」、お寺の取引先の石屋さんが、懇意の印につくってくれたものだという。これほどまでに立派な石像ならば、キティちゃんファンはもちろん、それ以外の人の関心も高まるだろう。

なお、「東光禅寺」には、他にも数多くの作品が置かれている。カエル、ウサギ、フクロウなど、その種類は豊富だが、どれも実に質が高い。

お墓があったりして少し畏怖の念を抱きがちな「お寺」。その概念を覆すような斬新さが「東光禅寺」にはある。あらゆる人が、憩いの場として、安らぎの空間を味わうことができる配慮には頭が下がる。

消費量はダントツ どこに行っても「お茶」が出る！

静岡県は、いわずと知れた「お茶の県」である。県内には多くの茶畑が広がっている。つくる量もさることながら、静岡県民はとにかくお茶を飲む。地産地消とばかりに、県内でつくったお茶の消費が激しい。総務省の家計調査によれば、全国で一番緑茶を飲んでいるのは静岡県民である。また、静岡県は「お茶の県」としての自負もあるのか、飲むお茶に関してもこだわりがあるという。同じくお茶をよく飲む地として名高い「京都府」と比べると、おもしろい結果がわかる。

京都府は、経済的にお茶を楽しむという思考のためか、お茶の購入額が低めである。対して静岡県は、高くてもいいものを飲みたいという意識からか、同じ量でも支出額は高めの傾向がある。

静岡県には、県ならではのお茶が存在する。県名が冠についた「静岡茶」と呼ばれるお茶である。「静岡茶」は「深蒸し茶」としても知られ、渋みが少なく、芳醇な味わいが特徴である。ではこの「静岡茶」は、どのようにして生まれたのだろうか。

静岡茶の礎を築いた円爾弁天の像を祀る聖一国師堂。

静岡茶の祖・聖一国師

「静岡から思い浮かべるもの」という質問に、必ず返ってくる答えが「お茶」である。名峰・富士山や、名産のうなぎとともに肩を並べる「静岡茶」は、今や静岡県民の生活になくてはならないものとなっているだろう。これほどまでに県民の間に定着した「静岡茶」。もともとはどこからきたものなのだろうか。気になるその起源をたどってみよう。

平安時代から鎌倉時代のころ、日本の臨済宗の高僧として名を馳せた人物がいた。「聖一国師《しょういちこくし》」と呼ばれた「円爾弁円《えんにべんねん》」である。彼は静岡県栃沢《とちざわ》に産声を上げ、僧となった後、修行を積んで中国の宋《そう》へと渡ったった

※静岡県の主要なお茶産地

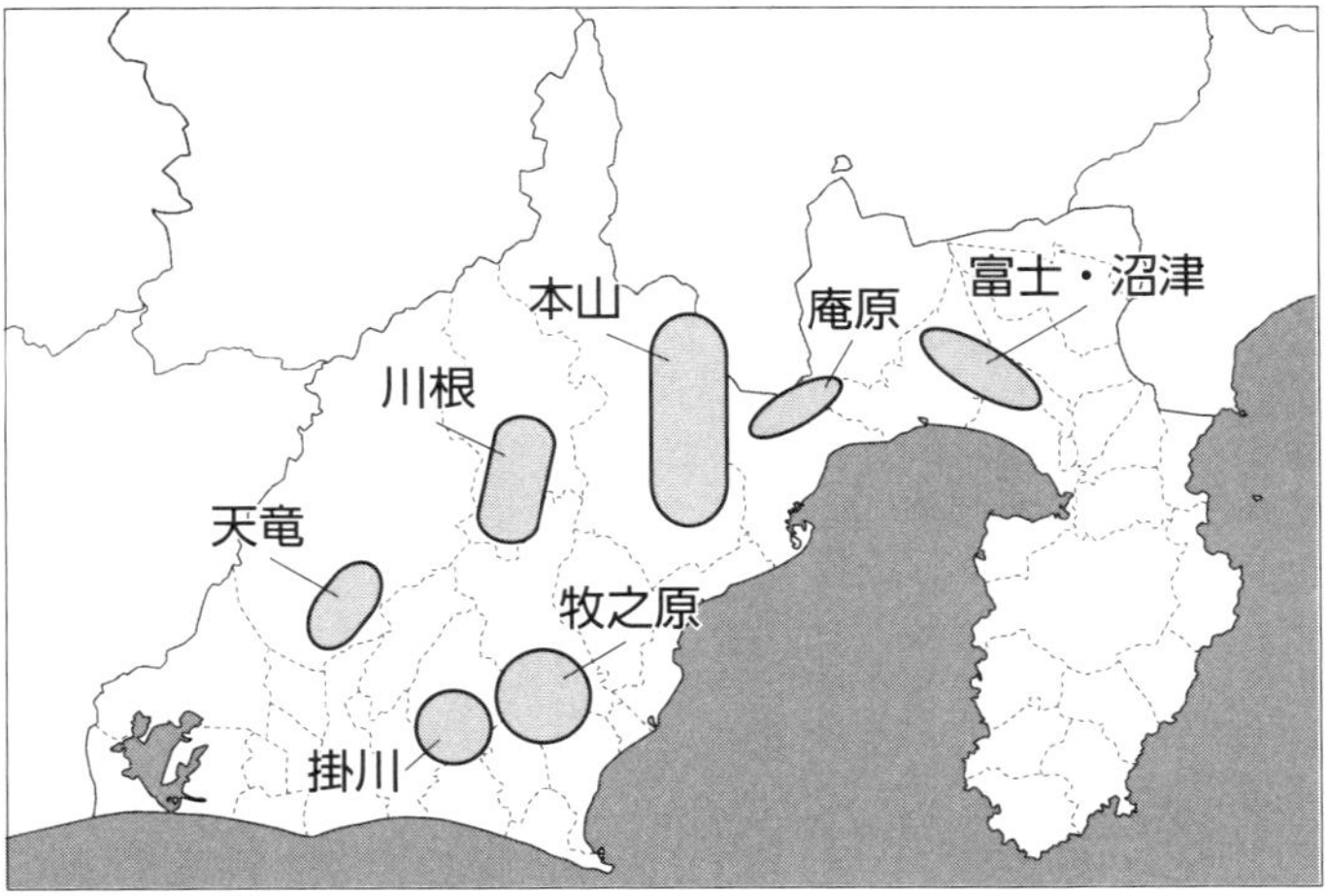

静岡県内の茶畑産地。場所によって多少味が異なる。

のである。

聖一国師は入宋して六年間、大陸で禅を学び、その後、日本へ戻った。帰国後は朝廷の有力者から非常に高い尊敬を受けた。そして、宗教界の最高位を取得するほどの高僧となったのである。

日本に帰国した聖一国師。彼は、中国で手に入れた「茶の実」を、故郷である静岡県の足久保《あしくぼ》に撒き、茶畑が誕生した。これが現在まで続くお茶大国の礎《いしずえ》を築くこととなったのだ。

現在、「静岡茶の祖」を生んだ静岡県栃沢と足久保には石碑が建てられている。静岡茶を生んだ英雄の偉業をたたえ、祀っているのだ。

静岡県島田市の小学校には給茶器が設置されており、水道からはお茶が出てくる。

蛇口をひねるとお茶が出る学校が！

静岡県で「お茶」は実際、どのように重宝されているのだろうか。そこには、「お茶の県」ならではのおもしろいならわしが隠れていた。

静岡県中央部に位置する島田市。この街の小学校では、他県ではありえないことが体験できる。体育や部活で運動した後、生徒は蛇口をひねって水分補給をするだろう。その際、島田第一小学校を中心とした学校では驚きの光景が見られる。

なんと、蛇口をひねるとお茶が出るのだ。実はこれは、給茶器というものが設置されており、蛇口へと繋げてお茶が出るしくみになっているのだ。このような斬新な蛇口があるのは、「お茶好き」という理由だけではない。緑茶に含まれるカテキンは殺菌作用が高い。風邪の防止などの健康管理にも役立てるようにということから設置された。教育現場ならではの配慮も込められているようだ。

静岡県は今や右に出る者がいないほどのお茶大国である。食事の際にはジュースや水ではなく「お茶」を飲むのが当たり前。さらには、各家庭で決まったお茶を常備していたりと、お茶に対するこだわりが非常に強いのである。静岡県に行った際には、ぜひ一度、本場の「静岡茶」を堪能してみてほしい。

島田市に本社を置く「木村飲料株式会社」の商品、「お茶コーラ」。静岡県ならではの一品である。

港町・焼津市
新鮮な海の味覚

静岡県中央部に位置する焼津《やいづ》市。ここは、海に面した土地のため、昔から漁港、港町として栄えてきた。当然、ここで獲れる海の幸は実に新鮮である。静岡の代名詞、「うなぎ」や、きれいな色の「桜えび」などが絶品である。

遠洋漁業や沖合漁業の基地として有名な焼津市。静岡県だけではなく、全国のほぼど真ん中にも位置する。静岡県の温暖な気候も手伝い、全国でも有数の水揚げ量を誇る土地である。そんな場所だからこそ、一風変わったならわしも存在する。

焼津のシンボル、黒はんぺん

冬の寒い時期、人気なのが「おでん」である。煮汁に食材を入れてやわらかくなるまで待つ。そうして頃合いを見計らって、あつあつの具材を口に運ぶ。鍋料理の醍醐味である。さて、この「おでん」に入る具材は、割と定番なものが多い。大根やこんにゃく、玉子などである。白くてふわふわした「はんぺん」もまた、全国的に支持が高い食品である。し

焼津名物「黒はんぺん」。「ゆでる」「焼く」「煮る」「揚げる」などして食べるのが一般的。

かし、焼津市で同様のものは食べられない。なぜなら、焼津市のはんぺんは黒いからである。

白はんぺんはサメを中心に魚のすり身や山芋を混ぜてつくられる。一方、黒はんぺんの原料となるのは主に「サバ」や「イワシ」である。これらの魚をすりつぶしてつくるため、色が黒くなるのだ。「黒はんぺん」は、「白はんぺん」に比べて、魚のうまみが濃厚で、味わい深い。港町ならではの名物といえるだろう。なお、魚の種類を「アジ」や「サンマ」に変えると、また違った味わいになるようだ。様々な違いを楽しめる、焼津を代表する食品である。

焼津市で行なわれる港マラソン。優勝者には地元の特産品を利用した冷凍カツオが授与される。

みなとマラソンの気になる賞品は？

焼津市は、静岡県はもちろん、日本のほぼど真ん中に位置するのも特徴のひとつである。また、静岡県は温暖な気候を誇る。港も波が穏やか。このように好条件のため、焼津市は全国でも有数の水揚げ高を誇っているのだ。

ところで、毎年、この港のそばでは焼津市主催の市民マラソン大会が開かれる。老若男女が一堂に会して駿河路を競争するのだ。そして優勝者には、栄誉とともに港町ならではの賞品が用意されている。豊富にとれるカツオである。冷凍されたカツオが、勝者の手に大きく輝くのだ。

人気アニメのトリビア 静岡と関係の深い作品がたくさん！

現在、さまざまに放送されているアニメ作品。大河ドラマの舞台に観光客が押し寄せるように、アニメや漫画の舞台にも注目が集まる。

静岡県を舞台にしたアニメは意外にもたくさんある。全国的に知られているのは、国民的アニメ『ちびまる子ちゃん』だろう。筆者のさくらももこは実際に静岡県静岡市清水区（旧清水市）の出身である。自身の体験を物語にしたこの作品は、今やお茶の間の人気作品となり、日曜夕方の家庭を彩っている。

ほかにも、静岡県を舞台にした作品はたくさん出てくる。サッカー漫画で一斉を風靡した『キャプテン翼』の舞台は、静岡市葵《あおい》区と駿河《するが》区である。また、『アタックNo．1』は富士市、『苺ましまろ』は浜松市が舞台となっている。

このように、人気のアニメや漫画の舞台として使用される静岡県。他にも、知られざるところで静岡県と関わりのあるアニメがあるのである。

『サザエさん』の磯野フネの実家は静岡県焼津市!?

『ちびまる子ちゃん』と同じく、毎週日曜日の夕方に放送されているのが、国民的人気アニメ『サザエさん』である。主人公「フグ田サザエ」と、その家族を中心に日常のひとこまを描く、大人気アニメである。

『サザエさん』は二〇一三年、放送開始四十五周年を迎えた。同年九月には放送回数は二千二百余りを数え、番組開始から実に七千話近くを放送してきたのである。歴代最高視聴率は三十九・四パーセント（関東地区／ビデオリサーチ調べ）にものぼる、おばけ番組である。さらに、二〇一三年には、「最も長く放送されているアニメ」として、ギネスブックにも認定された。

このアニメの舞台といえば、東京都世田谷区である。一見、静岡県とはなんの関わりもないように思える。しかし、このアニメの中には、重要な人物がいるのである。

「磯野フネ」は、「磯野波平」の妻で、「サザエさん」の母親にあたる人物である。旧姓を「石田フネ」という彼女は、静岡県の出身なのである。また、隣人である「お軽《かる》さん」も静岡県出身。フネとは女学校時代の友達で、旧友なのだ。

意外と知られていない事実に、他県民も驚かされることだろう。

静岡の名物さまざまな隠れ話が！

静岡県の名物といえば、静岡茶やうなぎなどに限らず、その数は非常に多い。しかし、静岡ならではのものにも、知られざる秘密が隠されているのである。海の近くの静岡県。茶園が多い静岡県。この地には、食に関するさまざまな情報の宝庫である。

静岡県名物「うなぎパイ」の秘密とは

静岡県のお土産として人気を博すお菓子のひとつが「うなぎパイ」である。これは、静岡県の老舗菓子店「春華堂《しゅんかどう》」の看板商品である。もともと、数々の和菓子をつくっていたこの店が、初めて出した洋菓子である。

昭和三十六年、同県浜名湖の名物、今では静岡県のイメージでも名前が挙がる「うなぎ」にちなんでつくられたパイのお菓子である。「夜のお菓子」のキャッチコピーで知られている。これは、夜に家族で食べてもらえるようにとの思いを込めて作られた名称だということである。

昼のお菓子「しらすパイ」。グラニュー糖がかかった「甘口」とわさびの風味が漂う「辛口」の二種類が楽しめる。

朝のお菓子「すっぽんの郷」、昼のお菓子「しらすパイ」、夜のお菓子「うなぎパイ」、真夜中のお菓子「V.S.O.P」。時間ごとのお菓子の詰め合わせセットの名前は「フルタイム」だ。

このお菓子、他にもさまざまなバリーエションがある。「夜のお菓子」があるくらいだから、「朝のお菓子」「昼のお菓子」ももちろん存在する。前者は「すっぽんの郷」、後者は「しらすパイ」である。それぞれ、「うなぎパイ」のライバル商品として人気が高い。

静岡のみで展開するレストラン「さわやか」

静岡県は様々なグルメ食品の宝庫だが、静岡県内ならではの飲食店も存在する。静岡県の人に、好きな飲食店と聞いて名前が挙がるのが、ファミリーレストラン「さわやか」だろう。ハンバーグ料理を中心とした人気店である。鉄板に乗って出てくる「げ

炭焼きレストラン「さわやか」。静岡県内のみに展開する、地方密着ファミレスだ。

んこつハンバーグ」が看板商品となっている。しかしこの店、前述のように県内にしか存在しない、実に地域密着型のチェーン店なのである。しかし当の静岡県民は、全国チェーンだと思っている人が多く、県外にはないという事実を知ると、少なからず驚くようだ。

ハンバーグを売りにした店といえば、栃木県を発祥に、群馬県、埼玉県、千葉県、茨城県など、関東地方を中心に展開する「フライングガーデン」もある。栃木県とは、「宇都宮餃子」と「浜松餃子」のライバル関係にある静岡県。両県の火花を散らす戦いは、「餃子」だけにはとどまらないようだ。

音が止まると願いが叶う！
神秘的な意味を持つ滝

全国にはさまざまなパワースポットが存在するといわれている。パワースポットとは霊的な力が満ちあふれ、訪れる人々に幸運をもたらす場所をいう。

静岡県内にも、このような場所は多数存在する。富士山本宮浅間大社をはじめとし、寺社仏閣が非常に多いため、力をもらえる場所は県内各所に点在する。しかし、あまり人に知られていない場所にも、さまざまな珍しいスポットが存在するのだそうだ。一度は訪れてもらいたい場所がたくさんあるのだ。

富士宮市にある「音止の滝」

静岡県富士宮市。ご当地グルメ「富士宮やきそば」で有名なこの街には、ある変わった場所が存在する。二十五メートルもの高さから凄まじい音を立てて水が落ちる「音止《おとどめ》の滝」。その姿はまさに水の柱のようである。この滝には、「曽我兄弟」という逸話があり、長く言い伝えられている。

富士宮市にある音止の滝と白糸の滝。性質のちがうふたつの滝が見事なコラボレーションを見せている。

その昔、曽我《そが》祐成《すけなり》と時致《ときむね》というふたりの兄弟がいた。鎌倉時代の武将である。彼らは源頼朝が起こした富士の巻狩りの際父親を討った工藤《くどう》祐経《すけつね》をたおそうと、この滝のそばで作戦を練っていた。しかし、滝の爆音のせいでまったく話は通じず、話し合いは難航した。どうにもなす術がなく、ふたりはついに神に祈ることにした。必死に念じたところ、なんと滝の音は止んだのである。そして、この話がもとになって、「音止の滝」と命名された。ちなみに、滝に祈ったおかげだろうか、話し合いのあとに行なわれた戦いで、ふたりは見事敵討ちを成し遂げたのである。「日本三大敵討ち」として有名な伝説である。

この滝のそばには、源頼朝が髪の乱れを

曽我兄弟に敗れた工藤祐経の墓。源頼朝の部下として、厚い信頼を受けていた。

整えたという泉や、兄弟が討った工藤祐経の墓が建てられている。

轟音で有名な音止の滝。ふたりの兄弟の逸話からもあるように、滝の音が止まれば願いが叶うかもしれない。そのような伝説と滝の荘厳な姿に、見る人々は心を奪われるだろう。

また、爆音が轟く「音止の滝」のそばには、「白糸《しらいと》の滝」も存在する。その名のとおり、白い絹糸のような水が優雅に流れ落ちている。ふたつの滝は対照的な性質ながらも、日本の名勝として、ともに「日本の滝百選」に数えられている。ここは、富士宮市が誇る美しく雄大な場所なのである。

静岡県と地震
漁獲量との大きな関連

静岡県内には、ある言い伝えがある。「伊豆は地震が多いと豊漁になる」というものである。これは、理学博士であった「寺田寅彦《てらだとらひこ》」という人物が最初に唱えた説だ。寺田は一八七八年に生を受けた。かの文学者「夏目漱石《なつめそうせき》」とも交流のあった人物である。彼は科学者としてさまざまな研究を続けた。東京大学卒業後、多くの大学で教鞭をとることとなる。

一九一六年、東京帝国大学の教授を経た後、寺田は地震研究所で地震と防災の研究に努めた。その中で、彼は静岡県と地震とのある大きな関わりを見つけたのである。

伊豆は地震が多いと豊漁になる？

寺田は所属していた地震研究所で、伊豆半島と伊東沖におけるアジの漁獲高と周辺地域の群発地震に目をつけた。このふたつをグラフにしたものを比べて見たとき、その推移が酷似していたのである。寺田はこの事実に大きな興味を持った。

寺田が論文として述べたこの伊豆半島の地震と豊漁の関係。ただの一説ではないだろう。この説を立証するかのような現象はさまざまなところで起きている。

一九八六年十一月から十二月にかけ、伊豆大島では大きな噴火が起こった。この噴火では、島民全員が避難を余儀なくされた。さらに、一九八九年の五月には群発の地震が活発化し、同年七月には大きな海底噴火も記録されている。漁獲量と地震の関係について、最初に論文に起こしたのは寺田である。しかし、彼はその理由を解き明かすことができなかった。代わりに寺田の没後、ほかの研究者が調査した。地震が多発した一九七四年から一九八九年までの相模湾一帯の漁獲量のデータをすべて調べ上げたのだ。すると、先に述べたように見事なまでに結果のグラフは似ていたのである。

その後も、地震と伊豆に関する研究は続けられた。近年では、東海大学の友田《ともだ》好文《よしふみ》教授が伊豆半島と相模湾でのイワシの漁獲高についての調査を開始した。すると、イワシが大量にとれた直後、地震の発生する割合が高いという結果にたどり着いた。

なぜこのような現象が起こるのか、はっきりとした根拠はまだない。しかし、魚は人間よりもはるかに優れた感覚を持っているといわれている。魚や小動物は、瀕死の状態に陥ると微量の電磁波を出すという。それを察知したサメなどは、餌と判断してよってくるのである。実に面白い、生命の神秘である。

地震の多い静岡県
県内ならではの道具とは

前項でも、静岡県の地震についての事柄に触れたが、静岡県は地震の多い地域としても有名である。そんな静岡県ならではの文化も存在する。

「防災頭巾《ぼうさいずきん》」。この言葉は、全国的に知っている人も多いであろう。地震などの災害の際に、頭を覆い、守るための道具である。

しかし、この「防災頭巾」、名前は知っていても、実際に使ったことがある人は少ないのではないだろうか。それもそのはず、実はこの「防災頭巾」、使用が当たり前の地域は少ない。なんと、まったく使ったことがなく、馴染みが薄い、という地域のほうがはるかに多いのである。

関東・東海地方以外では使われない？

静岡県では、保護者は子供に「防災頭巾」の持参を義務づけられる。普段は座布団などにして椅子の上に敷いておくこの道具。しかし地震の際には実に大きな効力を発揮するの

静岡県内の小学校の避難訓練の様子。頭に被った防災頭巾で身を守る。

だという。

もともとは戦時中、ヘルメット代わりとして頭部の保護に使用されていた「防災頭巾」。これは、布の中に綿などを詰め、クッション材として頭を守るように作られている。

しかし、先に述べたように全国的な認知度は低いようだ。静岡県だけでなく、東京都や千葉県、神奈川県などの関東県で使用しているという声もあるが、東北や関西、九州地方には浸透していない。

いずれにせよ、防災という点において非常に活躍し、重宝する代物である「防災頭巾」。今後は全国的に普及するものになれば、地震の際にも大活躍することになりそうだ。

静岡県には「黄色いハンカチ」が掲げられる市がある

再三述べてきたように、「地震」と隣り合わせの県、静岡。この土地では、頻発する「地震」に対してさまざまな措置がとられてきた。

静岡県富士宮市。富士市と同様、富士山に近く、地震が多いこの地域。地震は何度も起こっているため、地震に対する対策も万全である。

「黄色いハンカチ」は地震の際の安否確認の目印

富士宮市に本社を置く建設会社では、家を建てる際、特に構造にこだわる姿勢をみせている。それは地震の多い土地だという認識も強いからであろう。

さて、実際に地震が起きた際、どうすればいいだろう。震災の度合いにもよるが、地震は大きな天災である。家が倒壊することも時にはあるだろう。そんなとき、周囲の人々は非常に大きな不安を抱くこととなる。倒れた家に住む人の「安否はどうなのか」。もし震災で携帯電話が壊れてしまえば、連絡の手段さえも絶たれてしまうかもしれない。しかし、

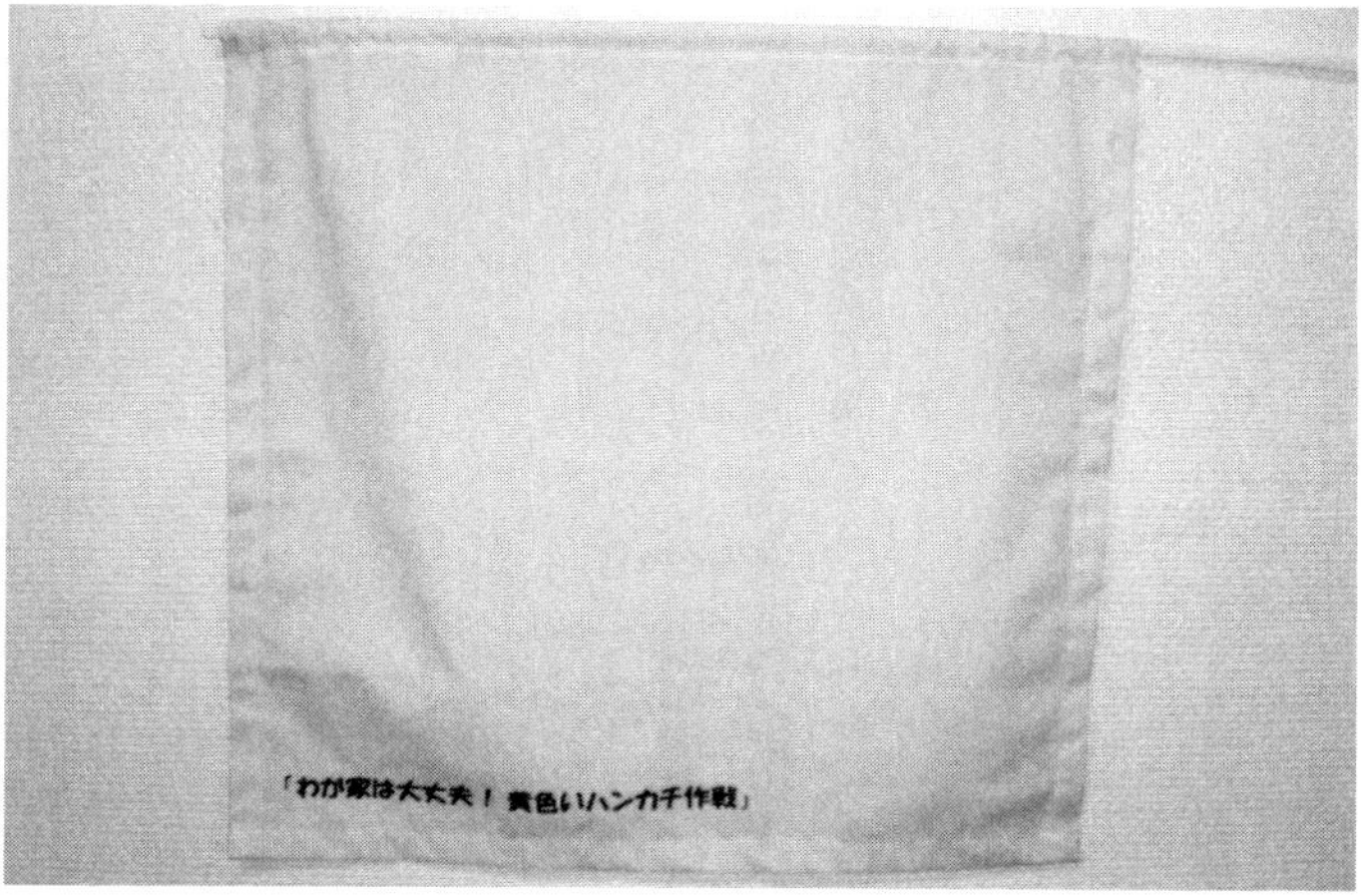

「富士宮市　わが家は大丈夫！黄色いハンカチ作戦」

そこは地震多発地域に住む静岡県民。斬新な方法で周囲に安否を伝える術を持っている。

地震の際、たとえ家が倒壊してしまっても、無事で救助が必要ない場合であれば、富士宮市では「黄色いハンカチ」を掲げる。「我が家は大丈夫ですよ」という印として、玄関やベランダに黄色いハンカチをくくり付けるのだ。周りの人に情報を伝える手段としては、一目瞭然の画期的な方法といえるだろう。

このような方法で、富士宮市では地震の安否情報を周囲に届ける試みを行なっているのである。

日本の中央、静岡県流通の要と呼ばれるわけは?

日本地図を見てみると、静岡県はほぼ中央に位置する。そのためか、静岡県ではある興味深い取り組みが行なわれている。

「テストマーケティング」である。ひと言でいえば、市場調査といってもいいだろう。各企業が全国に売り出そうとする新作商品は、まず静岡県で販売される。そして、静岡での売れ行きいかんで、その商品の全国展開か否かを判断するのである。それではなぜ、静岡がテストマーケティングの地として長年利用されてきたのだろうか。そこには、静岡県ならではの特性を生かしたある大きな理由があるのだ。

非常に平均的な性質を持つ静岡県民

静岡県は年齢別の人口構成の比率が全国の平均値と近い。また、経済の指標や意識調査のデータもほぼ全国平均である。さらに、基本的に気候が温暖で、気象条件に差が少ない。

これらの事実から、静岡県が気象条件や住民統計において、日本国内でも大きな格差のない性質を持つことがわかるだろう。

この点に目をつけた各企業は、新製品の発売が決まると、まずは静岡県に流通させる。静岡県では全国平均と同等の性質を持つため、静岡県で売れるものは全国でも売れる。反対に売れないものは全国に売り出しても損失を生むことになるからである。従って、まずはテスト販売、というかたちで静岡県に商品を売り出すのだ。

とはいえ、全国でいちはやく新商品の情報を掴むことができる静岡県民。流通の要と呼ばれることを、誇りに思う人も少なくないようだ。

ちなみに、静岡県でテストマーケティングを行なう商品は、主に関東圏で販売される商品が対象となることが多いようだ。理由としては、静岡県という地域が、首都圏にもアクセスしやすい環境であることが考えられる。他にも、静岡県と同様の理由で広島県もテストマーケティングの地となることが多いようだ。

〈参考文献〉

『歴史と文学の回廊8―県別日本再発見・思索の旅　東海』（ぎょうせい）／『歴史探索入門――史跡・文書の新発見』小和田哲男（角川書店）／『静岡県の歴史』本多隆成、荒木敏夫、杉橋隆夫、山本義彦（山川出版社）／『静岡県の歴史散歩』静岡県日本史教育研究会編（山川出版社）／『あなたの知らない静岡県の歴史』山本博文監（洋泉社）／『図説静岡県の歴史』永原慶二、海野福寿編（河出書房新社）／『ふるさとの文化遺産郷土資料事典22　静岡県』（人文社）／『静岡県謎解き散歩』小和田哲男編著（新人物往来社）／『伊豆の大地の物語』小山真人（静岡新聞社）／『徳川家康事典』藤野保、村上直、所理喜夫、新行紀一、小和田哲男編（新人物往来社）／『家康と駿府城』小和田哲男、小野田護、杉山元衛、黒澤脩（静岡新聞社）／『富士山の歴史』（晋遊舎）／『富士登山と熱海の硫黄温泉訪問　1860年に本内地の旅行記録』ラザフォード・オールコック著、山本秀峰編訳（露蘭堂）／『富士山』（JTBパブリッシング）／『富士山　歴史散歩』遠藤秀男（羽衣出版）／『富士山よもやま話』遠藤秀男（静岡新聞社）／『各駅停車全国歴史散歩　静岡県』中日新聞東海本社編（河出書房新社）／『47都道府県地名うんちく大全』八幡和郎（平凡社）／『静岡県の雑学「知泉」的しずおか』杉村喜光（静岡新聞社）『朝日日本歴史人物事典』（朝日新聞社）／『東海道新幹線で楽しむ「一駅雑学」東京から新大阪まで、退屈しのぎの面白ネタ』日本博学倶楽部（PHP研究所）／『富士山と女人禁制』竹谷靭負（岩田書院）／『富士講の歴史――江戸庶民の山岳信仰』岩科小一郎（名著出版）／『地震学がよくわかる――誰も知らない地球のドラマ』島村英紀（彰国社）

〈取材協力・写真提供〉

法務省／国土交通省／静岡県／島田市／藤枝市／熱海市／焼津市／富士宮市／伊豆市／群馬県／上越市／水戸市／常磐神社／草薙神社／龍尾神社／達磨寺／浅間大社／島田市博物館／遠山郷観光協会／土肥金山／静岡地方気象台／富士山静岡空港／熱川バナナワニ園／木村飲料／（株）桃中軒／吉原商店街／春華堂／炭焼きレストラン　さわやか／沼津第五小学校／ＩＡＩスタジアム日本平／焼津みなとマラソン／抹茶の銘葉／伊藤園／都留文科大学／浜松情報ＢＯＯＫＳ（浜名湖国際頭脳センター）／静岡市シティプロモーション／静岡文化情報まちかど／静岡県茶業会議所／マイ旅しずおか／清水海岸ポータルサイト／水窪情報サイト／オクシズ推し！／富士山ナビ／富士山倶楽部／Ｔｅｎｋｉ．ｊｐ／日本記念日協会／ＪＲおでかけネット／新横浜ラーメン博物館／テレビ東京旅グルメ／法話図書館／国立国会図書館

監　修

小和田哲男（Tetsuo Owada）

1944年、静岡県生まれ。早稲田大学大学院文学研究科博士課程修了。文学博士。現在、静岡大学名誉教授。（公財）日本城郭協会理事長。専門は日本中世史。おもな著書に、『小和田哲男著作集』（全7巻、清文堂出版）、『戦国武将の手紙を読む』（中公新書）、『戦国の城』（学研M文庫）、『黒田如水』（ミネルヴァ書房）、『黒田官兵衛 智謀の戦国軍師』（平凡社新書）、『戦国史を歩んだ道』（ミネルヴァ書房）、『知れば知るほど面白い 戦国の城攻めと守り』（実業之日本社・監修）など多数。

※本書は書き下ろしオリジナルです。

JIPPI Compact

じっぴコンパクト新書　209

意外《いがい》と知《し》らない静岡県《しずおかけん》の歴史《れきし》を読《よ》み解《と》く！
静岡《しずおか》「地理《ちり》・地名《ちめい》・地図《ちず》」の謎《なぞ》

2014年9月10日　初版第1刷発行

監　修……………小和田哲男
発行者……………村山秀夫
発行所……………実業之日本社
〒104-8233　東京都中央区京橋 3-7-5　京橋スクエア
電話（編集）03-3562-4041
　　（販売）03-3535-4441
http://www.j-n.co.jp/
印刷所……………大日本印刷株式会社
製本所……………株式会社ブックアート

ISBN978-4-408-45518-1（趣味・実用）